KB232968

요한1 · 2 · 3서와
요한계시록

요한1·2·3서와 요한계시록

양 창 삼 지음

한국학술정보㈜

요한은 요한복음, 요한1·2·3서, 그리고 요한계시록을 쓴 예수님의 제자다. 요한복음은 예수님의 생애사와 함께 그 신성을 드러내는 데 중요한 역할을 했고, 요한1·2·3서와 요한계시록은 교회를 향한 요한의 서신들로 어지러운 시대에 교회가 어떻게 해야 하는가를 잘 보여주었다.

이 책은 요한서신과 요한계시록을 분석하여 교육하고 이해하기 쉽게 만든 것이다. 요한계시록 앞서 요한1·2·3서를 함께 다룬 것은 요한계시록을 이해함에 있어서 요한서신이 중요한 단서가 될 수 있기 때문이다. 요한은 서신을 통해 적그리스도를 경계할 것을 강조하였고, 요한계시록은 결국 교회의 적은 적그리스도임을 드러내고 있다.

현대는 각종 사상으로 어지러울 지경이다. 사악한 사상들은 교회를 공격하고 있고, 성도들을 혼미하게 만들고 있다. 예수님이 그러한 시대가 올 것을 말씀하셨고, 사도들도 이를 엄중히 경고했다. 이런 상황에서 우리가 어떻게 영적인 무장을 해야 하는가는 더욱 분명하다. 최후의 아마겟돈 전쟁은 적그리스도와의 대대적인 싸움을 묘사하고 있다. 이 싸움에서 그리스도의 승리를 보여준다. 그러나 최후의 승리가 있기 전 사단은 끊임없이 교회를 유혹하고 성도들의 순교를 자아내게 했다.

새 하늘과 새 땅, 새 예루살렘은 그저 오는 것이 아니다. 우리가 믿음, 특히 순수한 믿음을 얼마나 잘 지켜내느냐에 달려 있다. 사단에 오염되지 않는 순수성을 가지고 끝까지 인내하며 믿음을 지켜낸 자는 새 예루살렘 성에 입성할 수 있다. 생명수 강가에 나가 생명나무의 열매를 만끽하며 그리스도와 영원히 살 수 있다. 요한계시록은 미래가 이러한 역사가 될 것을 보여주고 있다.

성경을 체계적으로 이해하는 일은 매우 중요하다. 그러나 이해에 앞서 성경을 바로 대하는 자세가 무엇보다 중요하다. 성경은 결코 사사로이 풀 대상이 아니다. 특히 요한계시록은 '하나님의 비밀'에 속하므로 더욱 그러하다. 요한1·2·3서와 요한계시록을 풀어냄에 있어서 이 점을 중시하고, 전체적인 성경의 맥락에서 설명하고자 했다. 각 문맥에서 신학적으로 논란이 되는 것도 적시해 주었다.

요한1·2·3서와 요한계시록을 통해 무엇보다 하나님이 우리에게 요구하시는 삶이 무엇인가를 밝히 인식하는 것이 중요하다. 성경은 단지 연구나 분석을 위해 존재하는 것이 아니다. 그 말씀을 통해 하나님과 우리의 관계가 인격적인 관계로 다시 설정되는 것이 중요하다. 이 관계가 정립되면 우리의 생각이 하나님의 생각으로 바뀌고, 우리의 인격이 그리스도의 인격으로 바뀌게 된다.

이 책은 크게 두 부분으로 나뉘어 있다. 첫 부분은 사도 요한과 그가 기록한 문헌들의 특징을 밝히면서 요한1·2·3서를 장별로 풀어내었고, 둘째 부분 또한 요한계시록 각 장을 따라 설명을 붙였다. 독자들의 마음속에 예수님의 마음이 그대로 전달되기를 기도한다. 그리고 언제나 우리의 영광과 찬양을 받으시기에 합당하신 주님께 감사를 드린다.

목 차

제1부

요한1 · 2 · 3서

제1장　사도 요한과 요한 문헌

1. 사도 요한, 그는 누구인가?

요한은 어부였던 아버지 세베대와 어머니 살로메 사이에서 태어났고. 야고보는 그의 형이었다. 두 형제 모두 12제자였다. 예수 그리스도와는 이종 사촌 간으로 추정되고 있다(요19:25;막15:40). 이 인척관계 때문에 예루살렘 입성 때 살로메가 자신의 두 아들을 주의 나라에서 좌우편에 앉게 해달라고 청탁한 것으로 보인다. 젊었을 때는 야고보와 함께 '보아너게(우뢰의 아들)'라 불릴 만큼 과격했다.

그는 원래 세례 요한의 제자였을 만큼 영적인 것을 사모했다. 예수의 제자가 된 다음 주님으로부터 특별한 사랑을 받았으며, 최후의 만찬 때는 예수님의 품에 안기기도 했다. 예수님은 십자가상에서 어머니 마리아를 요한에게 부탁했고, 마리아가 돌아가실 때까지 보살핀 것으로 알려져 있다. 그는 예수님이 부활하실 때 베드로와 같이 무덤에 갔다.

요한은 초대교회 설립 때 중심인물이었다. 초대교회의 탄생과 성장에 중요한 역할을 했다. 바울은 요한을 가리켜 '기둥같이 여기는 요한'이라 말했다(갈2:9). 요한은 예루살렘 함락 직전 마리아와 함께 에베소로 이주해 생활해 온 것으로 알려져 있다(행19:26-27). 할례문제를 다룬 예루살렘 총회에도 참석했다.

형제 야고보가 12제자 가운데 최초로 순교자가 되었지만 요한은 오랫동안 살아남아 초대교회가 영지주의에 빠지는 것을 경고하며 교회의 순수성을 지키고자 했다. 그는 적그리스도에 대한 경각심을 높이고 교회가 하나 되도록 서신을 썼고, 요한계시록을 통해서도 교회를 향한 적그리스도의 집요한 공격, 그리고 교회가 예수 그리스도와 함께 궁극적으로 승리할 것을 잘 드러내고 있다.

그는 에베소에서 생활했는데 이곳에서 요한1·2·3서를 쓰고(90~95년?) 순교한 것으로 보인다. 95년 도미시안 황제 때 밧모 섬으로 귀향을 갔었다. Nerva황제 때 에베소로 다시 와 그곳에서 순교했다는 주장도 있다. 이레네우스는 그가 트라얀 황제(98~117년) 때 순교했다고 주장했다. 마태우선주의자들(Mathewan Priority)은 70년대로 본다.

2. 요한 문헌의 특징 비교

사도 요한은 요한복음, 요한1·2·3서, 그리고 요한계시록을 썼다. 요한복음은 단순한 예수의 생애사가 아니라 우리를 구원하기 위해 오신 메시아로서, 우리에게 생명과 빛을 주시는 원천이심을 잘 드러내었다. 예수님은 이 땅에 오신 하나님이요 신성을 가지신 분이라는 것이다. 요한1·2·3서와 요한계시록은 요한의 서신들이다. 요한계시록이 서신인 것은 소아시아 7교회를 향해 말씀하신 주님의 뜻을 잘 전달하고 있기 때문이다. 그러나 요한계시록은 계시라는 점에서 다른 서신과 다르다.

요한복음, 세 서신, 요한계시록의 비교

	요한복음	세 서신	요한계시록
강조점	구원	성화	영광
시제	과거	현재	미래
예수	예수의 신성	예수의 인성	심판자 예수
그리스도	선지자 그리스도	제사장 그리스도	왕 그리스도
성도 유의점	십자가에대해서	교제	면류관

요한의 문헌은 위 도표에서와 같이 여러 점에서 차이가 있다.

첫째, 강조점이 다르다. 요한복음은 구원에 초점이 맞춰 있다면 요한1·2·3서는 성화에, 그리고 요한계시록은 영광에 초점이 맞춰져 있다.

둘째, 시제의 중심이 다르다. 요한복음은 과거에, 요한1·2·3서는 현재에, 그리고 요한계시록은 미래에 초점을 맞추고 있다.

셋째, 예수님에 대한 중심묘사도 다르다. 요한복음은 예수님의 신성에 무게를 두었고, 요한1·2·3서는 예수님의 인성에, 그리고 요한계시록은 심판자로서의 예수에 무게를 두었다.

넷째, 메시아에 대한 묘사도 다르다. 요한복음은 그리스도를 선지자로서 그려내고 있고, 요한1·2·3서는 제사장으로, 그리고 요한계시록은 왕이신 그리스도를 강조하고 있다.

끝으로, 그리스도인들이 유의할 점이 다르다. 요한복음은 예수님이 지신 십자가의 보혈과 구원에, 요한1·2·3서는 성도들이 교회 안에서 가지는 교제의 성격에, 그리고 요한계시록은 적그리스도의 공격에 승리한 성도들이 차지하게 될 궁극적인 승리에 초점이 맞춰져 있다.

제2장 요한1·2·3서의 특징

요한1·2·3서의 저자는 사도 요한이다. 비판주의자들은 요한복음과 요한1·2·3서의 저자가 다르다고 주장한다. 심지어 요한 1서와 요한 2, 3서의 저자가 다르다는 주장도 있는데 이는 장로 호칭 때문으로, 다른 장로의 기록, 즉 요한의 것이 아닐 수 있다는 생각에서다. 그러나 어거스틴, 제롬, 요한의 제자 폴리갑은 요한의 서신을 요한의 것으로 인정했다. 무엇보다 문체형태, 공통된 사상, 진리·빛·생명·사랑·증거 등 용어의 유사성 등은 요한이 기록했음을 보여준다. 요한복음은 상징·신성·재림·부활·비유 등으로, 요한1·2·3서는 윤리적·직설적·논리적으로 참된 기독론을 강조하고 있다. 적그리스도에게서는 예수의 피나 생명을 찾아볼 수 없다.

요한1·2·3서는 예수는 참하나님의 아들(요일5:20)이요, 그 아들 안에 있는 자에게는 영생이 있음(요일5:11)을 가르치고 있다. 지식이 커가서 구원에 이른다는 영지주의에 대해 공격한다. 영지주의는 육체를 무시하고 예수의 성육신을 받아들이지 않아 계시도 부인한다. 그는 영지주의를 반대함으로써 그것에 대한 기독교 입장을 뚜렷이 밝혔다. 요한은 로고스(말씀)를 선재해계신 아들로서 말씀이 육신이 되셨다고 했다. 그는 예수의 인성을 부인하는 적그리스도를 배격했다. 나아가 사랑을 실천함으로 교회가 견고하게 된다는 등 실제적인 윤리를 강조했다. 이 서신은 사랑과 진리의 서신으로, 사랑의 사도 요한의 특성을 잘 나타내었다.

요한1·2·3서의 특징

- 영생(생명)을 얻었다는 것을 확실히 해야 한다.
- 이단(적그리스도)적 교훈으로 혼탁한 교회를 염려한다.

이단(영지주의)의 3가지 양상
1) 성부만 주장하고 성자이신 아들을 부인한다. 성육신을 부인한다. 이는 교리적으로 잘못되었다.
   예수는 신성과 인성을 동시에 가졌다.
2) 육체는 근본적으로 악하여 성육신이 불가능하다고 주장한다. 이는 윤리적으로 잘못되었다. 하나님께로 난 자마다 죄를 짓지 아니한다. 하나님의 자녀는 그의 깨끗하신 같이 자기를 깨끗하게 해야 한다.
3) 다른 사람에 대해 우월하다는 태도를 가지고 있고, 타인을 경멸한다. 이러한 태도는 자신의 특별한 것을 나타내려고 하는 종교적 미숙자임을 드러낸다. 성도들은 서로 사랑해야 한다. 형제를 미워하면 빛 가운데 거할 수 없다. 친구를 위해 목숨을 버리는 사랑이 귀하다.

- 그리스도께서 육체로 오신 것을 시인하는 영마다 하나님께 속한 것이다. 이것이 믿음의 시금석.
  예수님이 그리스도임을 부인하는 자는 거짓말하는 자다.
- 그리스도인의 3가지 증거, 곧 하나님께로 난 자의 3가지 특징은 올바른 믿음(믿고), 독실한 복종(복종하며), 형제애(사랑하는)에 있다.
- 그리스도를 소유하고 (하나님) 아들의 생명이 있는 자는 그리스도께 속한 자이다.

제3장 요한일서의 주제

1. 요한일서의 총 주제

1) 하나님은 빛이시다. 1:1-2:27

   이 어두운 세상에서 하나님은 빛이시다.

2) 하나님은 사랑이시다. 2:28-4:21

   이 차가운 세상에서 사랑의 따뜻함을 주신다.

3) 하나님은 생명이시다. 5:1-21

   죽어가는 이 세상에서 하나님은 생명을 주신다.

이 진리를 확신하는 한 우리는 자신감 있게 이 세상을 살아갈 수 있다.

2. 대조법의 사용

요한은 빛과 어두움처럼 대조법을 자주 사용한다. 다음은 요한1서에 나타난 주요 대조법들이다.

요한이 사용한 대조용구

대　조	구　절
빛과 어두움	1:5
새 계명과 옛 계명	2:7,8
아버지를 사랑함과 세상을 사랑함	2:15,16

대 조	구 절
그리스도와 적그리스도	2:18
아들을 시인하는 자와 부인하는 자	2:18-29
진리와 거짓	2:20,21
하나님의 자녀와 마귀의 자녀	3:1-10
영원한 생명과 위험한 사망	3:14
사랑함과 미워함	3:15,16
참된 가르침과 거짓 가르침	4:1-3
하나님과의 영과 적그리스도의 영	4:1-3
사랑과 두려움	4:18,19
생명이 있는 자와 생명이 없는 자	5:11,12

3. 요한일서의 강조점

- 예수의 신성과 인성을 부인하는 자들에게서 떠나라. 예수 그리스도는 육체로 오신 하나님의 아들이시다.
- 신비한 지식에 대한 깨달음을 강조하는 영지주의에는 영생이 없다. 영생은 하나님의 아들 예수 그리스도를 믿음으로 얻는다.
- 죄를 부정하면서 죄의 습관에 잡혀 있는 영지주의는 거짓 종교이다. 참신자는 죄를 고백하고 용서받으며 죄 가운데 머무르지 않는다.
- 성도의 교제에서 스스로 멀어진 자들에게 연민을 가지지 말라. 참신자는 교회를 등지지 않으면서 서로 사랑한다.
- 신과의 연합을 약속하는 영지주의자들에게 현혹되지 말라. 하나님과의 사귐은 행함으로 증명된다.
- 서로 사랑하며 성결하게 살라. 하나님의 자녀는 하나님을 닮는다.

제4장 요한일서 1장: 하나님은 빛이시다

1. 예수님은 생명의 말씀(the word of life), 곧 육신을 입고 세상에 오신 그리스도

• 태초부터 있는 생명의 말씀에 관하여는

생명의 말씀은 생명 자체이면서 생명을 부여하시는 그리스도를 말한다. 1장의 기본적인 가르침은 예수님이 태초부터 있는 생명의 말씀(logos), 곧 육신을 입고 세상에 오신 그리스도라는 사실이다. 로고스는 예수님이 생명의 근원이 되시는 그리스도로, 영원자존하신 하나님과 함께하신 분이요, 태초부터 피조물과 관계가 있었던 분임을 나타낸다. 이것은 후에 기승을 부릴 영지주의의 주장과는 아주 다르다. 예수 그리스도의 신성과 인성은 사도들이 전한 복음의 핵심이자 같은 믿음을 가진 성도들에게는 교제의 바탕이 된다.

＊ 생각해볼 문제: 영지주의란 무엇인가?

영지주의(gnosticism)는 첫 2세기 교회에 있어서 가장 위험한 이단 가운데 하나였다. 이것의 중심적인 가르침은 영(spirit)은 완전히 선한 데 반해 질료(matter, 예를 들어 육체)는 완전히 악하다는 것이다. 이로 보아 영지주의는 기본적으로 육신을 입고 오신 예수님을 인정하지 않는다는 것을 알 수 있다. 영지주의는 비성경적인 이원론(dualism)으로 다음과 같은 잘못된 사고를 가지고 있다.

① 인간의 몸은 질료이기 때문에 악하다. 이것은 하나님과 대조를

이루는데 하나님은 아주 영적이고 선하기 때문이다.

② 구원은 몸을 벗어나는 데서 온다. 예수를 믿는 믿음에서 오는 것이 아니라 특별한 지식(knowledge, gnosis)을 통해서 성취된다. 그래서 영지주의라 한다.

③ 예수의 참다운 인성은 두 가지 방법으로 거부된다. 첫째, 어떤 이는 예수는 다만 몸만 가진 것처럼 보인다(seem to have)고 주장한다. 이러한 주장을 도케티즘(Docetism)이라 부르는데, 이것은 '~처럼 보인다(seem)'는 뜻을 가진 희랍어의 '도케오(dokeo)'에서 나온 것이다. 둘째, 어떤 이는 그리스도의 신성이 인간 예수가 세례를 받음으로 함께 있다가, 예수가 죽기 전 그 신성이 예수를 떠난다고 본다. 이것을 케린티안주의(Cerintuianism)라 하는데, 이 사상을 대변하는 케린투스(Cerinthus)에서 나왔기 때문이다. 이 견해는 요한일서의 상당부분(보기 1:1;2:22;4:2-3)을 쓰게 된 배경이 되고 있다.

④ 육체는 악한 것으로 간주되기 때문에 엄하게 다루어졌다. 영지주의의 이러한 금욕적 형식은 골로새서 일부를 쓰게 된 배경이 되었다(골2:21,23).

⑤ 이러한 이원론은 역설적으로 부도덕으로 나가게 했다. 질료는 악한 것으로 간주되지만 하나님의 법을 깨뜨리는 것(신적인 영역)이 아니기 때문에 그의 법을 범하는 것(몸으로서 죄를 범하는 것)은 도덕적인 결과(판단)에 영향을 미치지 않는다고 생각한 것이다.

신약에 언급된 영지주의는 주로 이단으로 지목받은 영지주의의 초기 형태에 해당된다. 따라서 2세기나 3세기에 복잡하게 발전된 영지주의와는 차이가 있다. 골로새서와 요한의 여러 서신에 나타난 초기 영지주의의 모습이 디모데 전후서, 디도서, 그리고 베드로후서와 고린도전서에도 반영되어 있다.

2. 생명의 증거(전도)와 성도의 교제

- 우리가 들은 바요 눈으로 본 바요 주목하고 우리 손으로 만진 바
- 이 생명이 나타나신 바 되어 이 영원한 생명(eternal life)을 우리가 보았고 증거하여 너희에게 전하노니
- 이는 아버지와 함께 계시다가 우리에게 나타나신 바 된 자

요한은 1장에서 강조한다. "태초부터 있는 생명의 말씀에 관해서는 우리가 들은 바요 눈으로 본 바요 주목하고 우리 손으로 만진 바(체험된 생명) 이 생명이 나타나신 바 되어(나타난 생명) 이 영원한 생명을 우리가 보았고 증거하여 너희에게 전하는 것(증거된 생명)이다. 이 예수님은 하나님 아버지와 함께 계시다가 우리에게 나타나신 바 된 자다."

예수 그리스도는 환상이나 꿈이 아니라 실제 사람이며 생명을 나타내시고 영원한 생명되신다는 것이다. 그 생명의 말씀이 우리를 살린다. 그 말씀이 하나님의 자녀를 격려하고, 교제하게 만들며, 승리의 삶을 살게 한다. 그 말씀이 구원을 확신하게 하고, 적그리스도를 경계하게 만든다.

3. 우리가 보고 들은 바를 너희에게 전하는 이유와 쓰는 이유

- 우리가 보고 들은 바를 너희에게 전하는 이유는 너희로 우리와 사귐(fellowship)이 있게 하려함. 하나님과 그 아들 예수와 함께함
- 우리가 이것을 쓰는 이유는 우리의 기쁨이 충만케 하려 함

그 예수를 전하게 되는 것은 "너희로 우리와 사귐이 있게 하려

함"이다. 이 사귐(koinonia) 문자적으로는 '교통, 교제'지만 영적으로는 그리스도 안에서 성도들의 교제일 뿐 아니라 하나님과의 관계까지 포함되어 있다.

이 사귐은 구원의 도에 함께 참여시키기 위한 것이다. 전도(증거)의 동기는 교제 가운데 초청하고 싶어서이고, 이로 인해 기쁨이 충만해지기 때문이다. 그래서 요한은 "우리의 기쁨이 충만하게 하려 함"이라 말한다.

요한은 이 말씀을 통해 성도 교제의 중요성을 강조하고 있다. 성도의 교제는 우리가 하나님과 그 아들 예수와 함께하는 것에 바탕을 두고 있다. 성도의 교제를 위해서는 먼저 하나님과의 관계를 바르게 가져야 하고, 그 다음 형제들과도 바른 관계를 가져야 한다. 하나님과 교제가 없으면 말씀을 상실하고, 성도와의 교제가 상실되며, 하나님과의 교제도 상실된다. 하나님으로부터 주어지는 모든 축복이 상실된다.

전도와 교제는 기쁨을 준다. 그 기쁨은 구원의 도에 들어간 기쁨이며, 같은 길을 함께 가는 동반의 기쁨이다. 이 기쁨은 세상이 줄 수 없는 하늘의 기쁨이다.

4. 빛이신 하나님과 죄인인 우리

- 우리가 저에게서 듣고 너희에게 전하는 소식이 이것이니 곧 하나님은 빛(light)이시라 그에게는 어두움이 조금도 없으시니라
- 만일 우리가 하나님과 사귐이 있다 하고 어두운 가운데 행하면 거짓말을 하고 진리(참)를 행지 아니함이거니와
- 저가 빛 가운데 계신 것같이 우리도 빛 가운데 행하면 우리가 서로 사귐이 있고 예수의 피가 우리를 모든 죄에서 깨끗하게

하실 것이요

- 만일 우리가 죄 없다 하면 스스로 속이고 진리가 우리 속에 있지 아니할 것이요
- 만일 우리가 우리 죄를 자백하면 저는 미쁘시고 의로우사 우리 죄를 사하시며 모든 불의에서 우리를 깨끗케 하실 것이요
- 만일 우리가 범죄 하지 아니하였다 하면 하나님을 거짓말하는 자로 만드는 것이니 또한 그의 말씀이 우리 속에 있지 아니하니라.

요한은 여러 가지로 하나님은 어떤 분이신가에 대해 언급하고 있다. 하나님은 빛이시고(요일1:5), 의이시며(요일3:7), 전지하시고(요일3:20), 사랑이시며(요일4:8,16), 보이지 않으시고(요일4:12), 생명이시다(요일5:11).

1장에서는 "하나님이 빛이시다(God is light)"는 것을 강조하고 있다. 빛이신 하나님에게는 어두움이 조금도 없으시다. 빛이신 하나님과 사귐이 있는 우리는 어떠해야 하는가?

첫째, 어두운 가운데 행하면 안 된다. 거짓말을 하고 진리(참)를 행치 아니하는 것이 그 보기다. 저들은 죄의 실체를 거부한다. 우리가 계속해서 죄 가운데 있다면 우리는 하나님께 속했다고 말할 수 없을 것이다. 그리스도인은 정직해야 한다.

다음은 요한일서에 나타난 정직성의 7가지 시험들이다.

- 거짓된 교제(1:6): 어두움 가운데 행하면서 나는 하나님과 사귐이 있다 말해
- 거짓된 성결(1:8): 어두움 가운데 행하면서 우리는 죄가 없다 말해

- 거짓된 의(1:10): 어두움 가운데 행하면서 범죄치 않았다 말해
- 거짓된 순종(2:4): 계명을 지키지 않으면서도 저를 아노라 말해
- 거짓된 생활(2:6): 그분이 행하시는 대로 하지 않으면서 나는 저 안에 거한다 말해
- 거짓된 형제사랑(2:9): 형제를 미워하면서도 나는 빛 가운데 있다 말해
- 거짓된 하나님 사랑(4:20): 형제를 미워하면서도 나는 하나님을 사랑한다 말해

둘째, 저가 빛 가운데 계신 것같이 우리도 빛 가운데 행해야 한다. 우리가 빛 가운데 행하면 우리가 서로 사귐이 있고, 예수의 피가 우리를 모든 죄에서 깨끗하게 하실 것이다.

셋째, 만일 우리가 죄 없다 하면 스스로 속이고 진리가 우리 속에 있지 아니할 것이다. 하나님은 "의인은 없나니 하나도 없다"(시 142:2;롬3:10) 하셨다. 죄(hamartia)는 표적에서 어긋나는 것이다. 우리는 얼마나 하나님의 표적으로부터 빗나가 있었는가. 그런데도 죄가 없다고 말하는 것은 우리 스스로 거짓되며 진리 수용을 거부하는 것이다.

넷째, 만일 우리가 우리 죄를 자백하면 저는 미쁘시고(faithful, 신실하시고) 의로워 우리 죄를 사하시며 모든 불의에서 우리를 깨끗하게 하실 것이다.

- 하나님이 보시는 안목에서 내게 죄가 있음을 고백하자.
- 구체적으로 고백하자.
- 더 이상 죄짓기를 포기하자.

다섯째, 만일 우리가 범죄하지 아니하였다 하면 하나님을 거짓말하는 자로 만드는 것일 뿐 아니라 그의 말씀이 우리 속에 있지 아니함을 보여준다.

그리스도인이라 할지라도 죄를 범한다. 죄는 하나님의 용서를 필요로 하며, 예수 그리스도께서 우리를 위해 죽으심으로 인해 용서를 받았다. 우리가 이 말씀을 믿고, 그 말씀에 따라 살고자 한다면 우리의 생명은 그리스도 안에서 새로운 생명으로 변화되었음을 보여준다. 변혁된 삶(transformed life)을 누리게 되는 것이다.

우리는 우리의 죄성(sin nature)을 거부할 수 없다. 우리는 이제 구원받은 자로서 죄 짓는 이상의 삶을 살아야 하고, 하나님과의 관계에서 죄의 결과를 최소화해야 한다. 죄가 우리를 자기 속으로 끌어들이려 할 때 강하게 저항해야 하며, 죄를 지었을 때 회개하고 자백(고백)해야 한다. 자백은 '호모로고(homologo)'로 동의한다는 뜻을 가지고 있다. 성령이 우리 삶 가운데서 범한 죄를 지적하시면 우리는 즉시 동의할 필요가 있다. 그리스도의 피는 우리를 모든 죄로부터 깨끗하게 하지만 우리의 변명은 하나라도 용납되지 않는다. '미쁘시고 의로우사'는 회개하는 자에 대해 하나님은 신실하게 대해주시는 분임을 나타낸다.

✻ 생각해볼 문제:
구원파의 구원과 회개 문제─다시 회개할 필요 없는가?

회개는 하나님 앞에 하는 것이요 그분으로부터 사죄를 받는 경로이다. 인간은 연약하여 자주 죄에 빠진다. 그러나 우리가 그 죄를 자백하며 용서를 구하면 하나님은 우리를 구원하신다. 하나님은 '모든 불의에서' 우리를 깨끗하게 하신다 하였다. 우리 모두 자신의 죄를 깨닫고 회개하여 예수님을 영접하고 신뢰해야 구원을 받는다.

그러나 정동섭에 따르면 구원파 박옥수의 경우는 다르다. "회개하면 죄가 씻어진다는 말이 성경 어디에 있는가? 회개해서 죄를 씻는 것은 성경적인 방법이 아니다."라고 주장한다. 성경은 분명히 "회개하여 죄 사함을 받으라."(행2:38) 기록하고 있다. 그는 의지적 회개 없이 자신의 죄가 사해진 것을 '의지와 관계없이 수동적인 깨달음으로 구원을 받는다.'고 주장한다. 구원파는 종종 "당신은 구원받았습니까?"라는 질문으로 접근한다. 대부분 그 질문에 자신 있게 대답하는 사람은 많지 않다. 구원에 대한 확신이 없기 때문일 수도 있고, 겸양 때문일 수도 있다. 구원의 확신에 대해 미적대면 대화를 주도해 간다. 그리곤 구원의 확신이 사람을 구원하는 것처럼 착각하게 만든다. 그들은 구원받는 데 사람의 의지나 결단이 요구되지 않는다고 말한다. 피동적 깨달음을 통한 구원을 강조한다. 의지적 회개와 결단 없이 지적인 동의와 이해만으로 죄사함을 받을 수 있다는 것이다. 이것이 바로 피동적 깨달음을 통한 구원이다. 하지만 성경은 깨달음을 의지적인 결단이나 순종과 분리시키지 않는다. 구원을 받으려면 하나님께 대한 회개와 예수 그리스도께 대한 믿음이 필수조건이다(행20:21).

정통 교회는 예수를 믿어 의롭다 함을 받은 후에도 성품은 여전히 사함 받은 죄인이라고 가르친다. 그러나 박옥수는 신분과 성품이 한꺼번에 의인이 되었다고 가르친다. 기독교는 회개로 시작하여 회개로 끝나는 종교이다. 그러나 그는 죄사함을 깨달음으로만 의인이 된다는 교리를 만들어냈다. 그러나 우리는 의롭다 여김을 받은 것이지 의인이 되는 것이 아니다. 바울도 구원을 받은 지 여러 해가 지난 다음에도 자신을 죄인의 괴수라 고백하였다(딤전1:15).

구원을 받은 이후, 곧 자신의 죄를 회개하며 예수님을 그리스도로 고백한 이후에도 다시 죄를 범했을 때 어떻게 해야 하는가? 구원파는 "죄에 대한 회개는 몇 번 해야 하는가?" 묻는다. 죄를 범할 때마다 회개해야 하지 않겠느냐고 말하면 그렇지 않다고 말한다. 회개는 오직 한 번 하는 것이라는 것이다. 그들은 기성 교인들이 죄를 회개하거나 고백하지 못하고 계속 범죄만 회개하는 것은 구원을 받지 못했기 때문이라 주장한다. 그래서 "당신은 지금 죄인이요, 의인이요?" 물었을 때 의인이라 고백하지 못하고 죄인이라고 하면 역시 구원받지 못한 사탄의 자식으로 정죄한다. 문제는 자범죄에 대해 대수롭지 않게 여긴다는 데 있다. 회개는 오직 한 번 하는 것이므로 다시 죄를 범했다 해도 회개할 거리가 되지 않는다고 생각하기 때문이다. 그래서 구원파는 심각한 도덕적 해이를 야기하게 된다.[1]

---

1) 정동섭. (2008). "구원파, '껍데기 구원론' 조심", 기독신문. 1월 23일.

제5장 요한일서 2장: 하나님은 사랑이시다(1)

1. 우리 죄를 위해 화목제물 되신 예수

- 내가 이것을 너희에게 씀은 너희로 죄를 범치 않게 하려 함이라
- 누가 죄를 범하면 아버지 앞에서 우리에게 대언자가 있으니 곧 의로우신 예수라
- 저는 우리 죄를 위한 화목제물(propitiation, expiation, atoning sacrifice) 이니 우리만 위할 뿐 아니요 온 세상의 죄를 위하심이라

요한은 이 서신을 쓰게 된 동기에 대해 확고히 말한다. "너희로 죄를 범치 않게 하려 함이라." 그리고 죄를 범하게 되면 예수 그리스도 앞에 나가라 말한다.

왜 그리스도 앞에 나가야 하는가?

첫째, 그분은 하나님 아버지 앞에서 우리의 대언자(보혜사)가 되시기 때문이다. 대언자는 "~을 돕도록 부름 받은 자"라는 뜻을 가진 '파라클레토스(parakletos)'로 성도들의 죄를 하나님의 심판대에서 변호하는 분, 곧 예수 그리스도를 말한다. 대언자는 우리를 변호해주시는(advocate) 분, 우리의 문제에 적극적으로 개입하시는(intercede) 분, 그리고 우리를 위해 간청하시는(plead) 분이다. 우리는 하나님 앞에 자신을 내세울 아무런 의도 없다. 그럼에도 불구하고 예수님은 우리에 대해 '그리스도의 보혈로 씻음 받은 자'라 변호해주신다. 하나님 심판대 앞에서 우리가 의지할 수 있는 분은 오직 주님뿐이다. 이분이 있어 우리는 하나님과의 교제가 회복되어, 그분 앞에 담대히, 그리고 기쁘게 설 수 있다.

둘째, 의로우신 분이기 때문이다.

셋째, 우리 죄를 위해 화목제물이 되셨기 때문이다. 우리의 죄를 대속해 주신 이 일은 우리만 위할 뿐 아니라 온 세상의 죄를 위함이다. 그리스도의 속죄의 범위는 모든 이들에게 적용된다. 이것은 하나님의 공의와 사랑에서 나온 것으로, 우리를 향하신 하나님의 사랑이 얼마나 큰가를 보여준다. 그러나 그를 믿는 자만 그 은총의 효력을 경험할 수 있다.

2. 그리스도의 계명을 지키는 자

- 우리가 그의 계명(commandment)을 지키면 이로써 우리가 저를 아는 줄로 알 것이요
- 저를 아노라 하고 그의 계명을 지키지 아니하는 자는 거짓말하는 자요 진리가 그 속에 있지 아니하되
- 누구든지 그의 말씀을 지키는 자는 하나님의 사랑이 참으로 그 속에서 온전케 되었나니 이로써 우리가 저 안에 있는 줄을 아노라. 저 안에 거한다 하는 자는 그의 행하시는 대로 자기도 행할 것

그리스도인은 주님의 말씀을 생명처럼 지키는 자이다. 요한은 우리가 그의 계명, 곧 말씀을 지키면 그것을 통해 "아 저 사람은 주님을 아는 사람이구나." 인정하겠다는 것이다. 그만큼 말씀을 지키는 것이 중요하다. 왜 그만큼 중요할까? 주님의 말씀이 그 안에 있으면 죄로부터 멀리 있기 때문이다. 어둠을 벗어나 빛의 생활을 하기 때문이다.

주님을 안다 하면서 그의 말씀을 지키지 않는다면 그는 어떤 사

람일까? 요한은 그를 가리켜 거짓말하는 자요 진리가 그 속에 있지 않은 사람이라 단정했다. 그럴 수 없다는 것이다.

그리고 누구든지 주님의 말씀을 지키는 자는 하나님의 사랑이 참으로 그 속에서 온전케 될 뿐 아니라 이것을 통해 우리가 그리스도 안에 있는 줄 안다 하였다. 그리스도 안에 거하는 자는 그분이 행하신 대로 자기도 행해야 마땅하다.

3. 형제를 사랑하는 자는 빛 가운데 거하는 자

- 내가 새 계명(new commandment)을 너희에게 쓰는 것이 아니라 너희가 처음부터 가진 옛 계명이니 이 옛 계명은 너희 들은 바 말씀이거니와
- 내가 다시 새 계명을 쓰노니 저와 너희에게도 참된 것이라 이는 어두움이 지나가고 참빛이 벌써 비췸이니라.
- 빛 가운데 있다 하며 그 형제를 미워하는 자는 지금까지 어두운 가운데 있는 자요 어두운 가운데 있고 또 어두운 가운데 행하며 갈 곳을 알지 못하나니 이는 어두움이 그의 눈을 멀게 하였음이라
- 그의 형제를 사랑하는 자는 빛 가운데 거하여 자기 속에 거리낌이 없어

내가 새 계명을 너희에게 쓰는 것이 아니라 너희가 처음부터 가진 옛 계명이다. 이 옛 계명은 너희 들은 바 말씀이다. 내가 다시 새 계명을 쓴다. 이것은 우리 모두에게 참된 것이다. 이는 어두움(moral blindness)이 지나가고 참빛이 벌써 비취기 때문이다. 참빛은 그리스도 안에 있는 하나님이 계시되는 것이며 그리스도 안에 있는

새로운 생명의 빛이다.

새 계명은 옛 계명과 내용이 같다. 하나님 사랑과 이웃사랑을 담고 있다. 이 계명은 오래된 것이지만(레19:18) 그리스도의 죽음을 통해서 새로운 의미를 지니게 되었다(요13:34,35).

참빛은 그리스도의 복음과 구원의 효력을 비유한 말이다. 빛 가운데 있다 하면서 그 형제를 미워하는 자는 지금까지 어두운 가운데 있는 자다. 그는 어두운 가운데 있고 또 어두운 가운데 행하며 갈 곳을 알지 못하는 자다. 어두움이 그의 눈을 멀게 했기 때문이다. 그의 형제를 사랑하는 자는 빛 가운데 거하여 자기 속에 거리낌이 없다.

4. 내가 이것을 쓴 이유

- 자녀들에게: 너희 죄가 그의 이름으로 말미암아 사함을 얻음이다.
- 아비들에게: 너희가 태초부터 계신 이를 앎이다.
- 청년들에게: 너희가 악한 자를 이기었음이라. 너희가 강하고 하나님 말씀이 너희 속에 거하시고 너희가 흉악자를 이기었음이라.
- 아이들에게: 너희가 아버지를 알았음이라.

이것은 요한이 이것을 쓰는 이유가 각각 있음을 알 수 있다. 이들이 모두 우리가 주 안에서 사귐을 갖는 영적 가족 구성원이기 때문이다. 여기서 자녀는 '파이디아(paidia)'로 그리스도 안에서 갓 태어난 아기를 뜻한다. 그렇다면 청년이나 아비는 자녀보다 영적으로 더 성숙한 존재들임을 알 수 있다.

5. 이 세상이나 세상에 있는 것들을 사랑하지 말라

- 누구든지 세상을 사랑하면 아버지의 사랑이 그 속에 있지 아니하니
- 이는 세상에 있는 모든 것이 육신의 정욕, 안목의 정욕, 이생의 자랑이니 다 아버지께로 좇아온 것이 아니요 세상으로 좇아온 것이라
- 이 세상도 그 정욕도 지나가되 오직 하나님의 뜻을 행하는 이는 영원히 거하리라

세상은 단순히 세상 사람이나 창조된 세계를 가리키는 것이 아니다. 사단에 지배되는 세상을 말한다. 이것은 하나님과의 사귐을 가로막는 세 요소 가운데 하나다. 이 외에 '이 세상의 유혹자들', '이 세상의 악한 영들'이 있다. 요한은 우리가 그리스도와의 동행이 손상되지 않도록 최소한 이 세 원수들을 경계해야 한다고 가르친다.

1) 이 세상이나 세상에 있는 것들을 사랑하지 말라

그리스도인에게 참성공은 주님의 인격을 닮아가는 것이다. 그런데 우리가 주님의 인격을 닮아감에 있어서 방해되는 것은 바로 이 세상 그리고 세상에 있는 것들이다.

이 세상은 예수님을 반대하는 모든 시스템을 일컫는다. 그리고 이 세상에 있는 것들은 육신의 정욕, 안목의 정욕, 이생의 자랑 등이 있다.

신앙생활은 우리를 위해 자기 몸을 버리신 하나님의 아들을 믿는 믿음 안에서 사는 것이다(갈2:20). 우리의 신앙생활이 행복하지 못한 이유는 세상을 사랑하고 있기 때문이다. 하나님이 우리에게 주신 사

랑은 최고의 사랑이다. 하나님은 "나를 최고로 사랑하라"시며 우리가 가진 최고의 사랑을 원하신다. 주님은 우리가 두 마음, 곧 하나님과 세상을 아울러 사랑하는 것을 원치 않으신다. 갈린 마음이 아니라 온전하고 순수한 사랑을 원하신다.

"네 마음을 다하고 목숨을 다하고 뜻을 다하여 주 너의 하나님을 사랑하라"(마22:37).

"아비나 어미를 나보다 더 사랑하는 자는 내게 합당히 아니하고 아들이나 딸을 나보다 더 사랑하는 자도 내게 합당치 아니하고"(마10:37).

2) 누구든지 세상을 사랑하면 아버지의 사랑이 그 속에 있지 않다

"누구든지 세상을 사랑하면 아버지의 사랑은 그 속에 있지 않다."라는 말씀은 그 마음에 세상을 사랑하는 불순한 마음을 가지고 있다면 그것은 하나님을 사랑하는 것이 아니라는 말씀이다. '아버지의 사랑'은 하나님으로부터 오는 사랑 또는 나로부터 하나님께 가는 사랑 모두는 포함하고 있다. 하나님과 우리 사이에 오고 가는 사랑에 문제가 발생한다는 것이다.

3) 세상에 있는 모든 것이 육신의 정욕, 안목의 정욕, 이생의 자랑이 모두 다 아버지로부터 나온 것이 아니라 세상으로부터 나온 것이기 때문이다

• 육신의 정욕

육신의 정욕(flesh lust)은 일종의 소유욕이다. 인간은 가지면 가질수록 더 갖기를 원한다. 끝이 없다. 세상의 부를 최고로 누린 바 있는 솔로몬은 이렇게 말한다. "은을 사랑하는 자는 은으로 만족함이 없고 풍부를 사랑하는 자는 소득으로 만족함이 없나니 이것도 헛되도다."(전5:10).

• 안목의 정욕

안목(eye)의 정욕은 쾌락 욕, 마음이 탐욕을 사모하는 것(greedy longings of minds)을 말한다. 작은 쾌락을 맛보면 더 큰 쾌락을 원하게 된다. 공식적으로 천여 명의 여인을 둔 솔로몬은 말한다. "만물의 피곤함을 사람이 말로 다 할 수 없나니 눈은 보아도 족함이 없고 귀는 들어도 차지 아니하는도다."(전1:8).

• 이생의 자랑

이생(life)의 자랑은 과시욕을 말한다. 과시욕은 자기를 나타내고 남의 기를 죽이는 역할을 한다. "이제 너희가 허탄한 자랑을 자랑하니 이러한 자랑은 다 악한 것이라"(약 4:16).

비　교

죄의 근거	육신의 정욕	안목의 정욕	이생의 자랑
선악과	먹음직	보암직	"하나님처럼 되리라"
예수시험	떡덩이	만국	"뛰어내리라. 보이라."

4) 이 모두 다 아버지께로 좇아온 것이 아니요 세상으로 좇아온 것이라

이 미끼들은 하나님께 속한 것이 아니라 세상에 속한 것이다. 이 세상에 사는 그리스도인들은 조금만 방심하면 세상을 닮아가게 된다. 행동보다 마음의 태도에서, 그리고 급진적이라기보다 점진적으로 닮아간다. 따라서 조심하지 않으면 안 된다.

우리가 어려울 때는 하나님을 향하지만 우리가 물질적으로 풍부하

게 되면 더 세상으로 나갈 가능성이 크다. 하나님은 우리의 이런 점에 대해서 불안한 마음을 가지고 계신다.

"네가 먹어서 배불리고 아름다운 집을 짓고 거하게 되며 또 우양이 번성하며 네 은금이 증식되며 네 소유가 다 풍부하게 될 때에 두렵건대 네 마음이 교만하여 네 하나님 여호와를 잊어버릴까 하노라"(신8:12-14).

심지어 세상의 물질적 풍요를 축복이라 말하고, 물질의 축복을 비는 세속화된 설교를 하는 목사, 이것을 그대로 받아들이는 교인들이 있다. 이것은 잘못된 것이다. 물질에 대해, 이 세상적인 것에 대해 말씀이 가르치는 바에 주목해야 한다.

"내 마음을 주의 증거로 향하게 하시고 탐욕으로 향치 말게 하소서 내 눈을 돌이켜 허탄한 것을 보지 말게 하시고 주의 도에 나를 소성케 하소서"(시119:36-37).

"나로 가난하게도 마옵시고 부하게도 마옵시고 오직 필요한 양식으로 내게 먹이시옵소서 혹 내가 배불러서 하나님을 모른다 여호와가 누구냐 할까 하오며 혹 내가 가난하여 도적질하고 내 하나님의 이름을 욕되게 할까 두려워함이니이다"(잠30:8,9).

5) 이 세상도 그 정욕도 지나가지만 오직 하나님의 뜻을 행하는 이는
   영원히 거한다

이 세상도, 그 정욕도 다 지나가되:

이 세상 것(육신의 정욕, 안목의 정욕, 이생의 자랑)은 다 지나가는 일시적인 것이다. 나이가 들어가면서 이 세상의 것은 낡고 아무 쓸모가 없다는 것을 알게 된다. 흔히 40대가 되면 미모의 평준화가 이뤄지고, 50대는 지식의 평준화가 이뤄지며, 80대가 되면 생사의 평준화가 이뤄진다고 한다. 그 나이에는 산 자와 죽은 자가 반반이

되기 때문이다. 곧 죽는다. 죽으면 완전 평준화가 이루어진다. 다 지나간다. 돈을 쌓아놓기만 하면 냄새가 난다. 그러나 그것을 흩어 사용하면 유익하게 사용할 수 있다.

오직 하나님의 뜻을 행하는 이는 영원히 거하느니라:

다 지나가되 영원한 것은 바로 하나님의 뜻을 행하는 것이다. 하나님의 뜻을 행하는 자는 영원하다. 이런 사람이 진정 성공한 사람이다. 이런 사람이 되기 위해서는 무엇보다 하나님이 원하는 사람이 된다. 하나님이 원하는 인격으로 빚어진다. 하나님의 사람은 남들을 시기하지 않는다.

"'그 혀로 참소치 아니하고 그 벗에게 행악하지 아니하며 그 이웃을 훼방치 아니하며 그 눈은 망령된 자를 멸시하며 여호와를 두려워하는 자를 존대하며 그 마음에 서원한 것은 해로울지라도 변치 아니하며 변리로 대금치 아니하며 뇌물을 받고 무죄한 자를 해치 아니하는 자니 이런 일을 행하는 자는 영영히 요동치 아니하리이다"(시15:3-5).

좌절하거나 넘어지지 않고 다시 회복한다. 7전8기의 사람은 대부분 그리스도인이다.

"그 노염은 잠간이요 그 은총은 평생이로다 저녁에는 울음이 기술할지라도 아침에는 기쁨이 오리로다"(시30:5).

"네가 길이 멀어서 피곤할지라도 헛되다 아니함은 네 힘이 소성되었으므로 쇠약하여 가지 아니함이라"(사57:10).

하나님은 다른 사람과 더불어 극복하기를 바라신다. 하나님은 힘든 과정 속에서 나를 훈련시키시고 인격을 다듬어 가신다.

＊ 생각해볼 문제: 제자도

요한은 이 글을 통해 제자의 도를 가르치고 있다. 이 세상의 것에 대한 제자들의 태도를 어떻게 가져야 하는가 하는 것이다.

육신의 정욕, 안목의 정욕, 이생의 자랑은 세상이 성도를 유혹하는 세 가지 미끼들이다. 그렇다고 이런 것으로부터 자유하기 어렵다. 돈 문제를 들어보자. 돈을 피해 살 수는 없다. 돈을 벌지 않으면 어떻게 살 수 있는가. 이 말씀은 돈을 벌지 말라는 것이 아니다. 이것에서 가르치고자 하는 것은 이렇다. "돈을 버는 데 최선을 다하라. 그러나 그것에 마음을 주거나 빼앗기지 말라. 영원을 위해 투자하라."

제자는 특정인만 되는 것 아니다. 모두가 예수 제자가 되어야 한다. 제자가 되기 위해서는 3요소가 필요하다. 종의 요소, 증인의 요소, 전적의탁의 요소이다. 세상의 종이 아니라 주님의 종으로 살고, 그 삶을 증거하며, 전적으로 하나님께 의탁하며 사는 것이다.

이를 위해 예수님을 닮을 필요가 있다. 제자 도는 우리의 영원한 선생이신 예수를 닮아가는 것이다. 예수의 형상을 본받는다. '그 아들의 형상을 본받게 하기 위해' 그분의 말씀을 가르치고, 전파하고, 치유한다. 주님을 닮아가기 위해서는 3가지 길이 있다. 말씀 안에 거하는 것, 사랑할 수 없는 형제를 사랑하는 것, 전도의 열매를 맺는 것이다. 이런 제자의 길을 가면 주님을 더 깊이 알아가고, 시작보다 끝이 좋게 된다.

6. 적그리스도

• 아이들아 이것이 마지막 때라 적그리스도가 이르겠다 함을 너희가 들은 것과 같이 지금도 많은 적그리스도가 일어났으니 이

러므로 우리가 마지막 때인 줄 아노라

- 저희가 우리에게서 나갔으나 우리에게 속하지 아니하였나니 만일 우리에게 속하였다면 우리와 함께 거하였으려니와 저희가 나간 것은 다 우리에게 속하지 아니함을 나타내려 함이라
- 내가 너희에게 쓴 것은 너희가 진리를 알지 못함을 인함이 아니라 앎을 인함이여 모든 거짓이 진리에서 나지 않음을 인함이라
- 거짓말하는 자가 누구뇨 예수께서 그리스도이심을 부인하는 자가 아니뇨
- 아버지와 아들을 부인하는 그가 적그리스도니 아들을 부인하는 자에게는 아버지가 없으되 아들을 시인하는 자에게는 아버지도 있느니라.

마지막 때 적그리스도(antichrists)가 이르겠다는 말은 많이 들었을 것이다. 그런데 지금 많은 적그리스도가 일어났다. 따라서 이것을 통해 우리는 지금이 마지막 때인 줄 알 수 있다.

저희(적그리스도들)가 우리에게서 나갔으나 우리에게 속하지 않는다. 만일 우리에게 속했다면 우리와 함께 거하였겠지만 저희가 나간 것은 다 우리에게 속하지 않는다는 것을 나타내려 함이다.

모든 거짓은 진리에서 나지 않는다. 거짓말하는 자가 누군가? 그들은 예수님이 그리스도이심을 부인하는 자다. 아버지와 아들을 부인하는 자는 적그리스도다. 아들을 부인하는 자에게는 아버지가 없지만 아들을 시인하는 자에게는 아버지가 있다.

✳ 생각해볼 문제: 적그리스도

영지주의자들이 성도의 교제에서 스스로 떨어져 나갔다. 예수의

신성을 부인했기 때문이다. 그들의 이탈로 교인들 사이에 적지 않은 동요가 있었다.

요한은 이런 상황에서 성도의 교제는 같은 믿음을 공유하는 바탕에서만 가능하다는 것을 강조하였다. 그리고 성도들의 믿음이 흔들리지 않도록 처음부터 들었던 복음을 확고히 붙들라 말한다.

7. 너희는 처음부터 들은 것을 너희 안에 거하게 하라

- 처음부터 들은 것이 너희 안에 거하면 너희가 아들의 안과 아버지 안에 거하라
- 그가 우리에게 약속하신 약속은 이것이니 곧 영원한 생명이니라.

처음부터 들은 것이 너희 안에 거하면 너희가 아들의 안과 아버지 안에 거하리라. 그가 우리에게 약속하신 약속은 영원한 생명이다.

저들은 예수님이 육신으로 오신 하나님, 곧 메시아임을 부인했다. 그러나 요한은 만약 우리가 예수님이 성육신하신 하나님이시고, 그분을 신뢰해 구원자로 여기면 우리는 하나님의 자녀들이라고 말한다.

8. 이제 주 안에 거하라

- 너희를 미혹게 하는 자들에 관하여 내가 이것을 너희에게 썼노라
- 너희는 주께 받은 바 기름부음이 너희 안에 거하나니 아무도 너희를 가르칠 필요가 없고 오직 그의 기름부음이 모든 것을 너희에게 가르치며 또 참되고 거짓이 없으니 너희를 가르치신 그대로 주 안에 거하라

- 자녀들아 이제 그 안에 거하라. 이는 주께서 나타나신 바 되면 그의 강림하실 때 우리로 담대함을 얻어 그 앞에서 부끄럽지 않게 하려 함이라
- 너희가 그의 의로우신 줄을 알면 의를 행하는 자마다 그에게서 난 줄을 알리라.

기름부음은 성령을 의미한다. 기름부음이 너희 안에 거한다는 것은 성령이 우리 안에 거한다는 것을 말한다. 성령은 언제나 거짓 가르침에 현혹되지 말고 성령의 인도하심을 받으라 권면한다. 주께 받은 바 기름부음이 우리 안에 거한다. 그 성령은 말씀하신다.

"그러므로 아무도 너희를 가르칠 필요가 없다. 오직 그의 기름부음이 모든 것을 너희에게 가르치며 또 참되고 거짓이 없으니 너희를 가르치신 그대로 주 안에 거하라. 자녀들아 이제 그 안에 거하라. 이는 주께서 나타나신 바 되면 그의 강림하실 때 우리로 담대함을 얻어 그 앞에서 부끄럽지 않게 하려 함이다. 너희가 그의 의로우신 줄을 알면 의를 행하는 자마다 그에게서 난 줄을 알게 될 것이다(중생의 증거)."

다음은 요한일서에서 소개하고 있는 '난 자', 곧 거듭난 자가 가지고 있는 특성들이다.

- 의를 행함(2:29)
- 죄를 짓지 아니함(3:9)
- 형제와 이웃에 대한 사랑(3:14)
- 하나님에 대한 사랑(4:8)
- 예수 그리스도가 하나님이라는 내적 확신(5:1)
- 세상을 이김(5:4)
- 말씀을 통한 확신(전반)

제6장　요한일서 3장: 하나님은 사랑이시다(2)

1. 하나님의 자녀된 우리

• 아버지께서 어떠한 사랑을 우리에게 주사 하나님의 자녀라 일
컬음을 얻게 하셨는가

그러하도다 그러므로 세상이 우리를 알지 못함은 그를 알지 못함
이니라

• 우리가 지금은 하나님의 자녀라 장래에 어떻게 될 것은 아직
나타나지 아니하였으나 그가 나타내심이 되면 우리가 그와 같
을 줄을 아는 것은 그의 계신 그대로 볼 것을 인함이니
• 주를 향하여 이 소망을 가진 자마다 그의 깨끗하심과 같이 자
기를 깨끗하게 하느니라

아버지께서 그 크신 사랑을 우리에게 주사 하나님의 자녀라 일컬
음을 얻게 하셨다. 그러므로 세상이 우리를 알지 못하는 것은 그를
알지 못하기 때문이다.

우리는 지금 하나님의 자녀다. 장래에 어떻게 될 것은 아직 나타
나지 않았지만 그가 나타나시면 우리가 그와 같은 줄 아는 것은 그
의 계신 그대로 볼 것이기 때문이다.

주를 향하여 이 소망을 가진 자마다 그의 깨끗하심과 같이 자기
를 깨끗하게 하느니라. 이 소망은 근거 없는 바람이 아니다. 믿음으
로 말미암은 확신이다.

2. 죄는 불법

- 죄를 짓는 자마다 불법을 행하나니 죄는 불법이라.

1) 우리 죄를 없이 하려고 나타나신 주

- 그가 죄를 없이 하려고 나타내신바 된 것을 너희가 아나니 그에게는 죄가 없느니라.
- 그 안에 거하는 자마다 범죄하지 아니하나니 범죄하는 자마다 그를 보지도 못하였고 그를 알지도 못하였느니라.
- 하나님의 아들이 나타나신 것은 마귀의 일을 멸하려 하심이니라.

2) 하나님의 자녀와 마귀의 자녀

- 아무도 너희를 미혹하지 못하게 하라. 의를 행하는 자는 그의 의로우심과 같이 의롭고 죄를 짓는 자는 마귀에게 속하나니 마귀는 처음부터 범죄함이라.
- 하나님께로서 난 자마다 죄를 짓지 아니하나니 이는 하나님의 씨가 그의 속에 거함이요 저도 범죄치 못하는 것은 하나님께로서 났음이라.
- 고로 하나님의 자녀들과 마귀의 자녀들이 나타나나니 무릇 의를 행치 아니하는 자나 그 형제를 사랑치 아니하는 자는 하나님께 속하지 아니하니라.

마귀는 악한 자다. 아담이 창조되기 이전에 하나님에게 대항하여 타락하였다. 죄의 선동자이며 불신자들의 삶에서 여러 가지로 악한 영향을 행사한다. 하지만 그리스도에 의해 멸망당한다.

하나님께로서 난 자는 죄를 짓지 않는다. 죄를 짓지 않는다는 것은 한 번도 죄를 짓지 않는다는 뜻이 아니다. 죄를 용납하지 않는다, 죄를 습관적으로 짓지 않는다는 뜻이다. 그 안에 하나님의 씨가 있기 때문이다. 하나님의 씨는 '스페르마(sperma)'다. 문자적으로는 정액을 뜻한다. 이것은 우리 안에 하나님의 DNA가 들어 있다는 말이기도 하다. 그러므로 하나님은 우리의 생명의 원천이시다.

3) 가인같이 하지 말라

- 우리가 서로 사랑할지니 이는 너희가 처음부터 들은 소식이라.
- 가인같이 하지 말라. 저는 악한 자에게 속하여 그 아우(형제)를 죽였으니 왜 죽였는가?
  자기의 행위는 악하고 그 아우(형제)의 행위는 의로움이라.

살인자 가인과 순교자 아벨을 인용한 것은 교회를 이탈해 나간 영지주의자들이 성도들을 미워한다 할지라도 참고 견디도록 격려하고 위로하기 위함이다.

3. 형제를 사랑하자

- 형제들아 세상이 너희를 미워하거든 이상히 여기지 말라. 우리가 형제를 사랑함으로 사망에서 옮겨 생명으로 들어간 줄을 알거니와 사랑치 아니하는 자는 사망에 거하느니라.
- 그 형제를 미워하는 자마다 살인하는 자니 살인하는 자마다 영생이 그 속에 거하지 아니하는 것을 너희가 아는 바라.
- 그가 우리를 위하여 목숨을 버리셨으니 우리가 이로써 사랑을 알고 우리도 형제들을 위하여 목숨을 버리는 것이 마땅하니라 (증명된 실천하는 사랑).

- 누가 이 세상 재물을 가지고 형제의 궁핍함을 보고도 도와줄 마음을 막으면 하나님의 사랑이 어찌 그 속에 거할까 보냐.
- 우리가 말과 혀로만 사랑하지 말고 오직 행함과 진실함으로 하자. 이로써 우리가 진리에 속한 줄을 알고 또 우리 마음을 주 앞에서 굳세게 하리로다.

성도를 위해 자신의 생명을 주신 예수 그리스도를 본받아 형제를 사랑하자는 그의 권면은 영지주의자 케린투스의 주장을 정면으로 반박하려는 의도에서 나온 것으로 보인다. 케린투스는 예수가 십자가에서 죽었으므로 그리스도의 영이 떠나갔다고 주장하며 예수 그리스도의 대속적 죽음을 무가치한 것으로 여겼다.

하나님의 사랑은 성도의 마음속에 부어지는 사랑이다(롬5:5). 우리 마음속에 그 사랑이 풍성히 담겨 있어 이웃을 사랑할 수 있다. 여기서는 또한 하나님을 향한 사랑을 담고 있기도 하다.

✱ 생각해볼 문제: 요한1서 3장 16절과 요한복음 3장 16절

요한1서 3장 16절은 요한복음 3장 16절의 정신이 잘 나타나 있다. 16절은 다음과 같은 특성이 나타난다.

첫째, 교회는 예수 중심의 공동체요 생명의 공동체이다. 예수공동체는 예수의 기준에 맞아야 한다. 하나님의 역사하심이 나타나야 한다. 하나님 만나고 십자가의 은혜가 있어야 한다. 교회는 이처럼 다른 사회와는 대조가 되는 대조공동체이다. 섬김의 공동체이다.

둘째, 한 가족 공동체이다. '우리도 형제들을 위하여'. 형제들은 믿음의 공동체라는 것이다. 우리는 고아로 살아가는 사람들이 아니다. 그리스도 안에서 우리 모두는 하나이므로 그리스도인에게는 고아란

없다. 서로 격려하고 서로 사랑하며 서로 짐은 나눈다. 서로 용서하고 서로 돕는다.

셋째, 사랑의 공동체이다. 예수님의 모범을 따라 서로 사랑한다. 구체적으로 사랑한다. 소그룹을 통해 사랑을 경험할 수 있다. 소그룹은 하나님 사랑 시험장이다. 코이노니아는 성경적 교제를 의미한다. 사랑을 함께 나누고 경험하는 삶이 필요하다.

어떻게 목숨을 버릴 수 있을까? 내가 먼저 고백하고 용서한다. 용서는 깨어지지 않도록 하는 접착제이다. 섬기는 사랑을 한다. 하나님의 사랑을 경험한다. 서로 격려한다.

4. 책망할 것이 없게 하라: 그의 계명을 지키고

1) 책망할 것이 없는 마음
- 우리 마음이 혹 우리를 책망할 일이 있거든 우리 마음보다 크시고 모든 것을 아시는 하나님일까 보냐.
- 만일 우리 마음이 우리를 책망할 것이 없으면 하나님 앞에서 담대함을 얻고 무엇이든지 구하는 바를 그에게 받나니 이는 우리가 그의 계명들을 지키고 그 앞에서 기뻐하시는 것을 행함이라.

2) 그의 계명
- 그 아들 예수 그리스도의 이름을 믿고 그가 우리에게 주신 계명대로 서로 사랑할 것이니라.
- 그의 계명들을 지키는 자는 주 안에 거하고 주는 저 안에 거하시나니 우리에게 주신 성령으로 말미암아 그가 우리 안에 거하시는 줄을 우리가 아느니라.

파피니가 「예수 전」을 쓰게 된 동기

1918년 제1차 세계대전이 끝난 후 인류는 왜 서로 미워하고 싸우며 피를 흘리며 전쟁을 하게 되었는가 연구하다가 인류의 마음속에 있는 죄악을 없애지 않고서는 안 된다 생각하게 되었다. 인류의 마음속에 죄악을 없애려면 예수를 알리는 것밖에 다른 방법이 없다고 생각하여 예수 전을 쓰게 되었다.

* 생각해볼 문제: 예수님은 누구신가?

1. 죄를 알지도 못하는 분이시다(고후5:21). 욕심이 없으셨다. 욕심이 없으시니 죄를 잉태할 수 없다(약1:51). 욕심이 없으신 것을 어떻게 알 수 있는가? 하나님의 아들이신 그가 인간의 몸을 입으셨다는 사실만으로 충분히 입증된다. 민중이 자신을 왕으로 추대하려 했으나 거부했다. 그리고 여러 시험(유혹)을 이기고 십자가의 길을 택하셨다.

2. 진실하시다. "오직 너희 말은 '옳다, 옳다' '아니라, 아니라' 하라."(마5:37). 이 말씀은 옳은 것은 옳다 하고 아닌 것은 아니라 말하라는 것이다. 예수님은 "나는 길이요 진리요 생명이다"(요14:6) 하셨다. 그분은 참된 길이요 십자가의 길이요 진실한 삶을 보여주셨다.

3. 이타적인 삶을 사셨다. 남을 사랑하고 자신을 희생하였다. "이것은 내 몸이다."는 말씀은 자기의 모든 것을 내어주는 삶임을 보여준다.

4. 하나님 중심이다. 하나님을 먼저 생각하고 그분께 의존하는 삶을 사셨다. 그는 하나님의 뜻과 그 뜻의 성취를 기뻐했다. 하나님의 통치를 받고자 한 것이다. 그는 십자가 사건을 앞에 두고서도 "내 뜻대로 마옵시고 아버지의 뜻대로 하옵소서." 기도했다. 우리도 그의 의를 구하는 삶을 살아야 한다.

제7장   요한일서 4장: 하나님은 사랑이시다(3)

1. 그리스도의 영과 적그리스도의 영

- 영을 다 믿지 말고 오직 영들이 하나님께 속하였나 시험하라. 많은 거짓 선지자가 세상에 나왔음이라.
- 하나님의 영은 이것으로 알지니 예수께서 육체로 오신 것을 시인하는 영마다 하나님께 속한 것이요
- 예수를 시인하지 아니하는 영마다 하나님께 속한 것이 아니니 이것이 곧 적그리스도의 영이니라. (적그리스도의 영이) 오리라 한 말을 너희가 들었거니와 이제 벌써 세상에 있느니라.
- 너희는 하나님께 속하였고 또 저희를 이기었나니 이는 너희 안에 계신 이가 세상에 있는 이보다 크심이라
- 저희는 세상에 속한 고로 세상에 속한 말을 하매 세상이 저희 말을 듣느니라.
- 우리는 하나님께 속하였으니 하나님을 아는 자는 우리의 말을 듣고, 하나님께 속하지 아니한 자는 우리의 말을 듣지 아니하나니 진리의 영과 미혹(error)의 영을 이로써 아느니라.

참선지자는 하나님께로서 나서 성령의 인도하심을 받는다. 그러나 거짓 선지자는 하나님 외에 다른 영들의 인도를 받아 성도들의 영을 오염시킨다(마7:15;24:11;딤전4:1;벧후2:1).

영을 시험하라. 예수 그리스도께서 육체로 오신 것을 시인하는 영은 성령이며, 시인하지 않는 영은 마귀의 영이다. 사도들의 가르침을 받아들이게 하는 영은 진리의 영, 곧 성령이며, 받아들이지 않게 하

는 영은 미혹의 영, 곧 사단이다. 요한은 영을 분별하도록 하면서 예수가 그리스도임을 확고히 하고 있다.

2. 우리가 서로 사랑하자

1) 하나님은 사랑이시라

• 우리가 서로 사랑하자 사랑은 하나님께 속한 것이니 사랑하는 자마다 하나님께로 나서 하나님을 알고 사랑하지 아니하는 자는 하나님을 알지 못하나니 하나님은 사랑이심이라.

참성도와 이단자들이 사랑을 주제로 다시 대비되었다. 영지주의자들은 사랑의 하나님에 대해 알지 못했다(4:8). 그러므로 하나님을 사랑한다는 그들의 주장은 거짓일 수밖에 없다. 왜냐하면 그들은 인간의 죄를 위해 오신 화목제물, 예수 그리스도를 부인했고 하나님의 자녀들을 미워했기 때문이다. 하나님의 자녀들은 하나님을 사랑하는 증거로, 그의 계명에 순종하여 형제를 사랑해한다(계4:7-5:3).

✻ 생각해볼 문제: 아가페

하나님의 속성과 사역의 중심은 사랑이다. 이 사랑은 아가페이다. 희랍어 아가페는 원래 희랍어가 아니다. 구약을 희랍어로 번역했던 70인 역에서 히브리어 '아하브(ahap)'에 적합한 단어가 없자 아가페라는 단어를 사용한 뒤 자주 나타나게 되었다.

아가페는 사랑할 수 없는 사람(원수)을 사랑하는 것임에 반해 에로스는 사랑할 만한 대상(애인, 조국, 지혜)을 사랑하는 것을 말한다. 하나님은 우리가 사랑할 만한 대상이어서 사랑한 것이 아니라 우리가 연약할 때, 죄인되었을 때, 그리고 원수되었을 때 우리를 사랑하셨다(롬5:5). 우리가 먼저 하나님을 사랑한 것이 아니라 하나님이 사랑받을 아무 자격 없는 우리를 먼저 사랑하셨다. 공짜로 받았으니 은혜이다. 하나님의 아가페가 아니면 아무도 구원받을 수 없다.

2) 입증된 하나님의 사랑
- 하나님의 사랑이 우리에게 이렇게 나타난 바 되었으니
- 하나님이 자기의 독생자를 세상에 보내심은 저로 말미암아 우리를 살리려 하심이니라
- 사랑은 여기 있으니 우리가 하나님을 사랑한 것이 아니요 오직 하나님이 우리를 사랑하사 우리 죄를 위하여 화목제로 그 아들을 보내셨음이라
- 하나님이 이같이 우리를 사랑하셨은즉 우리도 서로 사랑하는 것이 마땅하니라.

하나님이 이와 같이 사랑하셨은즉 우리도 하나님과 이웃을 사랑해야 한다. 하나님이 사랑스럽지 않을 때에도(아들 이삭을 바치라는 명령, 니느웨로 가라는 명령) 이웃이 사랑스럽지 않을 때에도(이웃이 원수 같을지라도) 사랑한다. 아가페 사랑을 위해서는 의지적 결단이 필요하다(C. H. Dodd).

3) 사랑으로 얻는 것
- 어느 때나 하나님을 본 사람이 없으되 만일 우리가 서로 사랑하면 하나님이 우리 안에 거하시고
- 그의 성령을 우리에게 주시므로 우리가 그 안에 거하고 그가 우리 안에 거하시는 줄을 아노라

- 아버지가 아들을 세상의 구주로 보내신 것을 우리가 보았고 또 증거하노니 누구든지 예수를 하나님의 아들이라 시인하면 하나님이 저 안에 거하시고 저도 하나님 안에 거하느니라.
- 하나님이 우리를 사랑하시는 사랑을 우리가 알고 믿었노니 하나님은 사랑이시라. 사랑 안에 거하는 자는 하나님 안에 거하고 하나님도 그 안에 거하시느니라.

'하나님을 본 사람은 없으되.' 하나님은 사랑의 근원이시므로 오직 사랑하는 이들만이 하나님을 알 수 있다.

4) 그의 사랑이 우리 안에 온전히 이루느니라.
- 이로써 사랑이 우리에게 온전히 이룬 것은 우리로 심판 날에 담대함을 가지게 하려 함이니 주의 어떠하심과 같이 우리도 세상에서 그러하니라.
- 사랑 안에 두려움이 없고 온전한 사랑이 두려움을 내어 쫓나니 두려움에는 형벌이 있음이라.
- 두려워하는 자는 사랑 안에서 온전히 이루지 못하였느니라.

'주의 어떠하심.' 그리스도는 하나님의 사랑의 상징이다. 성도는 그리스도처럼 하나님의 사랑의 상징이 되어야 한다.

온전한 사랑은 구원의 확신을 가져온다. 하나님을 사랑하고 그 사랑의 계명을 지키는 자는 하나님의 심판을 결코 두려워하지 않는다.

5) 그가 먼저 우리를 사랑
- 우리가 사랑함은 그가 먼저 우리를 사랑하셨음이라.
- 누구든지 하나님을 사랑하노라 하고 그 형제를 미워하면 이는

거짓말하는 자니 보는 바 그 형제를 사랑치 아니하는 자가 보지 못하는 바 하나님을 사랑할 수 없느니라.

• 우리가 이 계명을 주께 받았나니 하나님을 사랑하는 자는 또한 그 형제를 사랑할지니라.

제8장 요한일서 5장: 하나님은 생명이시다

1. 예수님이 그리스도임을 믿는 자

- 예수께서 그리스도임을 믿는(믿음의 본질) 자마다 하나님께로서 난 자니 내신 이를 사랑하는 자마다 그에게서 난 자를 사랑 (every one who loves parent loves child).
- 우리가 하나님을 사랑하고 그의 계명을 지킬 때 이로써 우리가 하나님의 자녀 사랑하는 줄을 아느니라. 하나님을 사랑하는 것은 우리가 그의 계명을 지키는 것. 무거운 것은 아니다.
- 하나님께로서 난 자마다 세상을 이긴다(믿음의 승리). 세상을 이긴 이김은 우리의 믿음. 예수께서 하나님의 아들이심을 믿는 자가 아니면 세상을 이기는 자가 누구뇨.

하나님의 자녀들이 세상을 이기는 비결은 예수 그리스도를 향한 믿음이다. 믿음은 사실을 사실이라고 말하는 것이다. 불신은 사실을 사실이 아니라고 말하는 것이다. 미신은 사실 아닌 것을 사실로 착각하는 것이다. 믿음은 예수님이 그리스도이시라는 사실을 사실로 받아들이는 것이다. 그것이 믿음의 본질이다.

믿음의 결과 하나님의 자녀가 되고, 하나님을 사랑하게 되며, 형제들을 사랑하고, 아버지 말씀을 순종하게 된다.

믿음을 가진 자는 세상을 이긴다. 세상을 이긴다는 것은 죄악된 삶을 버리고 하나님께 복종하는 것을 말한다. 성령에 의해 거듭나고 인도함을 받는 이들만이 승리할 수 있다. 세상을 이기기 위해서는 죄의 유혹에 대해서나 교리적 토론에서도 탁월한 수준을 유지할 필요가 있다.

2. 하나님의 아들을 증거하는 하나님의 증거: 이 생명

- 이는 물과 피로 임하신 자니 곧 예수 그리스도시라. 물로만 아니요 물과 피로 임하셨고 증거하시는 이는 성령이니 성령은 진리.
- 증거하는 이는 셋이니 성령과 물(baptism)과 피(death). 또한 이 셋이 합하여 하나.

물은 예수님의 세례를, 피는 십자가를 상징한다. 예수님의 생애는 세례를 받음으로 시작되고, 죽으심으로 끝을 맺었다. 따라서 물과 피는 그분의 생애 전체를 가리킨다. 요한은 바로 역사 속에서 실제로 살다가 죽으신 그분이 하나님이자 사람이신 하나님의 아들이심을 증거한다.

예수님께서 하나님이심을 증거하는 세 증인이 있다(their testimony coincides these three agree, Jesus Christ is Son of God.). 성령과 물과 피다. 여기서 물은 세례, 말씀, 옆구리 물 등으로 해석되나 세례가 가장 유력하다. 피는 피 흘림이 없은즉 사함이 없다는 데서 나온 것이다. 셋은 합법적으로 인정받을 수 있는 증인의 수이다(신17:6;19:15).

요한의 이 같은 증거는 영지주의자들에 대한 도전이기도 하다. 도케티즘 영지주의자들은 물로 세례를 받으실 때 하나님의 아들로 인정되신 예수는 신성을 가지셨기 때문에 죽을 수 없고 단지 십자가에서 죽은 것처럼 보였을 것이라 주장한다. 또한 케린티안 영지주의자들은 십자가에서 피 흘려 죽임 당한 예수는 결코 그리스도가 아니라 주장한다.

요한은 이 두 영지주의자들의 생각을 단호히 거부하면서 신성과 인성을 가지신 그리스도를 성령이 증거하므로 그에 대한 믿음은 사실에 기초한 것이라 강조한다(6-9).

- 만일 우리가 사람들의 증거를 받을진대 하나님의 증거는 더욱 크도다. 하나님의 증거는 그 아들에 관하여 증거하신 것. 하나님의 아들을 믿는 자는 자기 안에 증거가 있고, 하나님을 믿지 아니하는 자는 하나님을 거짓말하는 자로 만드나니 이는 하나님이 그 아들에 관하여 증거하신 증거를 믿지 아니하였음이라.
- 증거는 이것이니 곧 하나님이 우리에게 영생을 주신 것과 이 생명이 그의 아들 안에 있는 그것이라. 아들이 있는 자에게는 생명이 있고, 하나님의 아들이 없는 자에게는 생명이 없느니라.

아들이 있는 자는 예수를 소유한 자를 말한다. 예수를 마음에 모시고 사는 자에게는 생명이 있다. 이 생명은 우리 안에 있는 영생(롬6:23)이다. 이 생명을 주심으로 이 땅에서 하나님 나라의 삶을 살 수 있다. 영생은 영원히 복 받으며 살 수 있는 것으로, 그리스도를 믿는 자는 지금도 이 생명을 가지고 있다.

이 생명은 아들 안에 있다. 이것은 그리스도 안에서 받아 누리게 하신 것으로, 그리스도 밖에는 영생이 없다.

- 내가 하나님의 아들의 이름을 믿는 너희에게 이것을 쓴 것은 너희에게 영생이 있음을 알게 하려 함이라.

하나님과 그리스도를 믿는 자에게 영생이 있다. 예수님을 믿는 자는 하나님의 자녀로 영생을 가졌다. 요한은 너희가 영생을 가졌음을 강조하고 있다. 지구가 도는 것에 대해 아무 느낌이 없지만 사실이듯 구원을 받았는지 느끼지 못하지만 예수를 구주로 영접하는 자에게는 구원과 영생이 확실히 주어진다. 이에 대해 확신을 가지라.

클로르포름을 발견한 과학자요 의학자인 제임스 심슨(J. Simpson)

경은 "예수를 믿음으로 영생을 얻었다는 사실을 발견한 것보다 더 위대한 발견은 없다."고 주장했다.

3. 사망에 이르지 아니하는 범죄자에게 주시는 생명

1) 그의 뜻대로 구하면
- 그를 향하여 우리의 가진 바 담대한 것은 이것이니(믿음의 확신) 그의 뜻대로 무엇을 구하면 들으심이라.

헛된 간구는 듣지 않으신다(욥35:13). 하나님의 뜻을 따라 기도해야 한다. 기도를 통해 하나님이 하시는 일에 동참한다.

조지 뮬러는 말한다. "기도는 하나님의 주저하시는 마음을 돌려놓는 것이 아니라 하나님의 기뻐하시는 마음을 따라 가는 것이다." 뜻이 하늘에서 이룬 것같이 땅에서도 이루어지도록 기도한다. 기도는 하나님의 주권적 드라마에 동참하는 것이다. 나의 드라마가 아니다. 예수님처럼 "내 뜻대로 마옵시고 아버지의 뜻대로 하옵소서." 기도하라.

- 우리가 무엇이든지 구하는 바를 들으시는 줄을 안즉 우리가 그에게 구한 그것을 얻은 줄로 또한 아느니라.

2) 사망에 이르는 죄와 사망에 이르지 아니한 죄
- 누구든지 형제가 사망에 이르지 아니하는 죄(immortal sin) 범하는 것을 보거든 구하라. 그러면 사망에 이르지 아니하는 범죄자들을 위하여 저에게 생명을 주시리라.
- 사망에 이르는 죄(mortal sin)가 있으니 이에 대하여 나는 구하라 하지 않노라.

사망에 이르는 죄는 불순종으로 하나님과 단절되는 것으로, 하나님이 생명을 거두기로 결정하셔, 용서받지 못한다. 이에 속한 죄로는 하나님 훼방죄(민15:30), 성령훼방죄(마12:31), 고범죄(히6:4-6), 이단죄(요일2:18-19), 반역죄(요17:12), 배도죄(살후2:3) 등이 있다.

사망에 이르지 아니하는 죄를 지은 자는 유혹에 넘어가기를 했지만 아직 여지가 있는 성도를 가리키는 것으로 보인다. 참성도가 그런 형제를 위해 기도하면 하나님께서 들으시리라.

- 모든 불의(wrongdoing)가 죄가 되지만 사망에 이르지 아니한 죄도 있어.

이 죄에 대해 회개하면 용서를 받는다.

3) 우리를 지키시는 예수님

- 하나님께로서 난 자마다 범죄치 아니하는 줄을 우리가 아노라

믿는 자라고 해서 다시는 죄를 짓지 않는다는 것이 아니다. 죄에 거하지 않는다는 뜻이다. 그리스도인이라 할지라도 연약하고 부패하여 모르는 사이에 죄에 빠져도 곧 회개하고 사함을 얻음으로 죽음에 이르지 않는다.

- 하나님께로서 나신 자가 저를 지키시매 악한 자가 저를 만지지도 못하게 하느니라

그리스도인은 예수님의 철저한 보호를 받는다(요6:39;10:28;17:11,12). '만지지도'는 '하토마임'으로 '꼭 붙잡다'는 뜻이다. 마귀가 저를 꼭 붙잡

으려 하지만 그러지 못하도록 주님이 보호하신다는 것이다. 신자의 구원
은 철저히 확보된다(롬8:31-34).

4) 하나님께 속한 우리
• 우리는 하나님께 속하고, 온 세상은 악한 자안에 처해.

온 세상은 불신세상으로 그들은 마귀의 지배를 받는다. 그러나 성
도는 하나님의 통치를 받는다.

5) 하나님 아들
• 하나님 아들이 우리에게 지각을 주사 우리로 참된 자(Him who
  is true)를 알게 하신 것과 우리가 참된 자, 곧 그의 아들 예수
  그리스도 안에 있는 것을 아노니 그는 참하나님이요 영생.

구원이 확실한 것을 알게 하신 분은 예수 그리스도시다. 그 주님
이 범죄 한 우리에게 하나님을 알게 하는 지식을 주셨다. 참된 자는
예수 그리스도, 하나님, 영생하신 자이다. 이 모두 한분이시다. 예수
그리스도가 영생의 근원자 되신다. 그리스도를 믿는 자에게는 영생
이 있다. 요한은 참하나님에서 성부하나님과 성자하나님을 동시에
언급하고 있다.
　요한은 신비한 지식을 전수받아야만 구원이 있다는 영지주의자들
의 주장에 맞서 영생이 그리스도께로부터 나오며, 그를 믿는 자가
이미 소유하고 있음을 강조하면서 성도들을 굳게 붙들어 주고 있다.
　참신자들은 죄의 유혹을 받을 때 하나님이 보호해 주시는 것을
알게 된다. 그리고 자신들이 하나님의 자녀라는 사실과 예수 그리스
도가 하나님이며 영생인 것도 알게 된다.

• 그러므로 너희 자신을 지켜 우상에서 멀리하라.

참성도라면 하나님 이외에 다른 것을 섬기게 되는 유혹으로부터 자신을 지켜야 한다. 우상은 유일하신 하나님께 대적하는 모든 거짓 신들을 말한다. 하나님과 나 사이에 끼어들어 흐름을 막는 모든 것을 가리킨다. 우리 중간에 끼어들어 교제를 단절시킨다. 현대의 우상은 재물, 명예, TV, 이성 등 여러 가지일 수 있다. 하나님보다 이것들을 더 사랑하면 하나님과의 교제를 단절시킬 수 있다.

제9장 요한이서: 진리와 사랑 가운데 거하라

1. 진리와 사랑 가운데 거함

• 장로는 택하심을 입은 부녀와 그의 자녀에게 편지하노라.

장로는 요한 자신을 가리킨다. 요한은 노년에 에베소 교회의 장로로 있었던 것으로 보인다(딤전3:1). 베드로도 장로로 있었다(벧전5:1).

부녀는 문자적으로 특정 여성도를 지칭하지만 교회로 보기도 한다. 그런 경우 그의 자녀는 그 교회에 속한 성도를 가리킨다. 이 교회는 어느 정도 규모를 갖춘 교회라기보다 가정교회일 수 있다. 믿는 자들로부터 스스로를 분리시킨 영자주의자들이 가정교회에 침투해 추종자를 얻고자 했기 때문에 그런 상황을 알지 못하는 순진한 교인들이 그런 과정에서 혹시 이단자들을 받아들일 수 있다는 염려에서 이 편지를 쓴 것으로 보인다.

요한이서는 신약 성경 가운데 가장 짧은 책이자 한 여성을 수신인으로 하는 유일한 책이다. 이 여인의 이름을 밝히지 않은 것은 혹시 편지로 인해 로마 당국으로부터의 박해를 받을 것을 우려한 것으로 보인다.

• 내가 참으로 사랑하는 자, 나뿐 아니라 진리를 아는 모든 자도 그리(사랑)하는 것은 우리 안에 거하여 영원히 우리와 함께할 진리를 인함이로다. 은혜와 긍휼과 평강이 하나님 아버지와 예수로부터 진리와 사랑 가운데서 우리와 함께 있으리라. 너의 자녀 중에 우리가 아버지께 받은 계명대로 진리에 행하는 자를

내가 보니 심히 기쁘도다.

진리 가운데서 행하고, 사랑 가운데서 행할 것을 강조하고 있다. 진리에 행하는 것은 말씀대로 신앙생활을 한다는 것이고, 사랑 가운데 행한다는 것은 말로만이 아니라 행함이 있다는 것이다. 요한이 이 두 가지를 분리시키지 않았다는 사실이 매우 중요하다. 사랑이 없는 진리는 율법주의로 나가고, 진리가 없는 사랑은 자유주의로 나가기 때문이다. 바울도 이 점을 매우 중시한다. "오직 사랑 안에서 참된 것을 하여 범사에 그에게까지 자랄지라 그는 머리니 곧 그리스도라"(엡4:15).

이것이 바로 균형이 있는 신앙이요 산 신앙이다. 전도를 받은 자가 진리와 사랑 가운데 행한다는 소리를 들을 때 얼마나 기쁠까. 요한은 그들이 계속 이 진리와 사랑 속에 거하기를 기도한다.

2. 서로 사랑하라

- 내가 이제 네게 구하노니 서로 사랑하라 이는 새 계명같이 네게 쓰는 것이 아니요 오직 처음부터 우리가 가진 것이라.

사랑은 일방적인 한 편만의 사랑이어서는 안 된다. 하나님과 성도 간, 성도와 성도 간 상호 교통하는 사랑이다. 기독교는 처음부터 사랑의 종교이다. 하나님은 대속의 사랑을 보여주셨고, 우리는 그 사랑에 응답하는 삶을 산다.

- 사랑은 우리가 그 계명을 좇아 행하는 것이요 계명은 너희가 처음부터 들은 바와 같이 그 가운데서 행하라(you follow love) 하심이라.

사랑에 빚진 자는 그 빚을 갚아야 한다. 하나님을 향해서는 마음과 목숨과 뜻과 힘을 다하여 사랑함으로 갚고, 이웃에 대해서는 제 몸과 같이 사랑함으로 갚는다. 그리스도인은 모든 면에서, 처음부터 끝까지 사랑으로 행하는 것이 마땅하다.

3. 적그리스도에 대한 경계

- 미혹하는 자(deceivers)가 세상에 많이 나왔나니 이는 예수께서 육체로 임하심(coming)을 부인하는 자라 이것이 미혹하는 자요 적그리스도니

미혹하는 자는 가만히 들어와 미혹하는 이단을 말한다. 특히 예수님이 육체로 오셨음을 부인하는 영지주의자들에 대한 경고를 담고 있다. 영지주의자들은 예수님의 신성을 거부한다. 하나님이 어떻게 더럽고 천한 육신을 입고 오실 수 있겠느냐는 것이다. 그들은 예수님의 신인양성을 부인한다.

'육체로'는 몸과 영혼을 다 포함한 인간성을 가리킨다. 육체로 임하심은 복음사역에 필수다. 예수님은 참하나님이자 참사람으로 오셨다. 우리 죄를 대속하기 위해서 사람으로 오셔야 했다. 예수님의 신성과 인성을 부인하는 것은 기독교를 근본적으로 부인하는 적그리스도다. 요한은 강하게 이단을 용납하지 말 것을 강조하고 있다.

- 너희는 너희를 삼가 우리의 일한 것을 잃지 말고 오직 온전한 상을 얻으라.

'우리의 일한 것'은 보고 듣고 만진 바 된 요한이 전한 순전한 복

음이다. 그 복음을 잃지 말라는 말이다. 온전한 상은 바른 신앙을 지킨 자에게 주어지는 상이다. 이 상은 구원받는 자가 누리는 영광이다. 우리는 적그리스도를 경계하여 온전한 상을 받도록 해야 한다.

- 지내쳐(go ahead) 그리스도 교훈 안에 거하지 아니하는 자마다 하나님을 모시지 못하되 교훈 안에 거하는 사람은 아버지와 아들을 모시느니라.

'지내쳐'는 한계를 넘는 것이다. 적그리스도가 주장하는 것은 한계를 넘은 것이다.
'교훈 안에 거하는 사람'은 계명대로 진리를 행하는 자를 말한다.

- 누구든지 이 교훈을 가지지 않고 너희에게 나아가거든 그를 집에 들이지도 말고 인사도 말라. 그에게 인사하는 자는 그 악한 일에 참여하는 자임이니라.

요한은 적그리스도를 용납하지 말 것을 엄히 경고하고 있다. 너희들도 이단에 절대 빠지지 말라는 것이다. 그런 자와 인사도 말라 한다. 그런 자 위해서는 기도도 하지 말라 했다.
전설에 따르면 요한이 에베소 공중목욕탕에서 목욕을 하고 있다가 영지주의자 케린투스가 들어왔다는 말을 듣고 벗은 몸으로 뛰쳐나갔다고 한다.

4. 대면하여 말하고자 하는 이유

- 내가 너희에게 쓸 것이 많으나 종이와 먹(ink)으로 쓰기를 원치

아니하고 오히려 너희에게 가서 면대하여 말하려 하니 이는 너
희 기쁨을 충만케 하려 함이라
- 택하심을 입은 네 자매(sister)의 자녀가 네게 문안하느니라.

당시 종이는 파피루스 갈대로 만들었다. 이것은 값싸고 쉽게 구할
수 있었다. 먹은 석탄, 물과 기름을 혼합하여 만들었다. 요한은 서면
보다 직접 대면하고 싶어 했다. 종이편지보다 직접 만나 말하는 것
이 더 확실하며, 그리스도 안에서 기쁨이 되기 때문이다.

요한이서의 강조점
- 진리와 사랑 가운데 거하라. 균형 있는 신앙생활을 하라.
- 예수 그리스도는 육체로 오신 하나님의 아들이시다. 예수의 신
  성과 인성을 부정하는 자들과 사귀지 말라.
- 바른 교훈을 믿는 자만이 하나님과 사귀는 자들이다. 영지주의
  이단자들은 적그리스도에 속한 자들이다.
- 이단자들은 미혹하는 자들이다. 사단을 경계하여 온전한 상을
  잃지 않도록 하라.
- 성도는 서로 사랑하는 자들이다. 그러나 이단자들을 돕거나 사
  귀지 말라.
- 서로 문안하라. 교회의 연합과 일치를 이루라.

제10장 요한삼서: 진리 안에서 행하라

1. 가이오에 대한 칭찬

1) 인사

• 장로는 사랑하는, 참으로 사랑하는 가이오(Gaius)에게 편지하노라.

가이오는 당시 평범한 로마식 이름이자 아주 흔한 이름이었다. 성경에도 여러 가이오가 소개된다.

- 바울의 동행자로 에베소 소요사건 때 곤욕을 치룬 마게도냐 사람 가이오(행19:29).
- 바울의 3차 전도여행 당시 헌금을 가지고 예루살렘 상경 때 동행한 더베 사람 가이오(행20:4).
- 고린도 교회에서 바울에게 세례를 받은 가이오(고전1:14).
- 바울과 온 교회 식주인 되는 가이오(롬16:23).

이 가이오 중에 한 사람인지 아니면 다른 가이오인지 확실하지 않다. 본문의 가이오는 소아시아 버가모 교회의 교인이라는 주장도 있다. 가이오는 교회 대표로 신실하게 신앙생활을 했다. 4절을 보아 요한의 전도로 믿음을 가진 것으로 보인다. 그는 순회 전도자에게 대접을 잘한 것으로 묘사되어 있다. 그는 순회전도자들로부터 인정을 받았다.

2) 간구
- 사랑하는 자여 네 영혼이 잘됨 같이 네가 범사에 잘되고 강건하기를 내가 간구하노라.

선행을 인정받은 가이오에게 축복 기도를 해주고 싶어 하는 요한의 마음을 읽을 수 있다. 영혼과 육체와 범사가 잘되도록 복을 빈 것이다.

'영혼이 잘됨'은 신앙이 바로 잘되는 것을 말한다. 신앙을 진리대로 실천하는 가이오의 참신앙에 대해 형제들이 요한에게 보고했고, 그의 신행일치의 신앙을 보고받은 요한이 가이오를 위한 기도에서 이 조목을 먼저 내세웠다.

'강건하기를' 기원한 것은 건강을 위한 기도로, 가이오의 건강이 약한 것이 아니었는지 추측된다. 아니면 일반적인 건강기원일 수도 있다.

'잘되고'는 '유오두마이(euodumai)'로 '순탄하게 여행을 한다.'는 뜻을 가지고 있다. 이 간구의 기도는 가이오 개인을 향한 것이지만 교회 공동체에도 자극을 주었을 것이다.

3) 진리 안에서 행함을 기뻐함
- 형제들이 와서 네게 있는 진리를 증거하되 네가 진리 안에서 행한다 하니 내가 심히 기뻐하노라. 내 자녀들이 진리 안에서 행한다 함을 듣는 것보다 더 즐거움이 없도다.

'내 자녀'는 요한의 전도로 인해 영적으로 회개하고 믿음을 가지게 된 사람을 말한다. 요한은 자기의 전도를 받은 자들이 진리의 말씀 가운데 생활한다는 것을 듣는 것이 참으로 기뻤다. 이들의 신행이 소문날 만큼 믿음 생활을 잘했다는 것을 보여준다.

믿음과 생활이 일치되면 그 효과가 크다.

- 재림 때 자랑이 된다(고후1:14).
- 천국에서 큰 자가 된다(마5:19).
- 천거서가 된다(고후3:1-2).
- 면류관(영광)이 된다(빌4;1).

2. 나그네 대접: 전도자를 선대하라

- 네가 무엇이든지 형제, 곧 나그네 된 자들에게 행하는 것이 신실한 일이니 저희가 교회 앞에서 너의 사랑을 증거하였느니라.

가이오가 나그네(순회 전도자)들을 잘 대접하는 일은 신실한 믿음의 행동이다. 이것은 주님을 접대하는 일이기도 하다. 그 전도자들은 사도 요한이 감독으로 있는 에베소 교회에 와서 이 일에 대해 증거했다.

- 네가 하나님께 합당하게 저희를 전송하면 가하리로다. 이는 저희가 주의 이름을 위하여 나가서 이방인에게 아무것도 받지 아니함이라.

전송(餞送, generous gift)은 재정적으로 보조하는 것을 말한다. '합당하게'는 선교가 잘되게 하는 것을 말한다. 전도자는 하나님 나라의 사자들이다. 주의 이름을 위해 선교하지만 이방인(불신자)에게서는 아무것도 받지 않음으로 누군가 전도자를 선대하는 것이 좋은 일이라는 것이다.

- 이러므로 우리가 이 같은 자들을 영접하는 것이 마땅하니 이는 우리로 진리를 위하여 함께 수고하는 자가 되게 하려 함이라.

이방 선교를 위해 헌신하는 그들을 위해 재정적으로 지원하는 것은 선교 사업에 동참하는 일이 된다. 이 일을 자신의 일로 생각해야 한다. 선교는 주님의 일이다. 주님의 일은 결코 남의 일이 아니다. 이 일은 더러운 이를 취하려는 거짓 스승이나 이단자의 일과는 다르다.

가이오가 순회전도자들의 필요를 채워준 것은 마땅한 일이다. 믿음에서 나온 신실한 일이고(5), 불신자에게 복음을 전할 때 사례비를 받지 못하므로 누군가의 후원을 받아야 하며(7), 하나님의 복음을 전하는 데 있어서 합심이 필요했기(8) 때문이다.

3. 디오드레베의 악행: 접대하지 않고 악한 말을 함

- 내가 두어 자를 교회에게 썼으나 저희 중에 으뜸 되기를(put himself first) 좋아하는 디오드레베(Diotrephes)가 우리를 접대하지 아니하니
- 그러므로 내가 가면 그 행한 일을 잊지 아니하리라. 저가 악한 말로 우리를 망령되이 폄론(貶論, 중상모략, prating)하고도 유위(이것도)부족하여 형제들을 접대하지도 아니하고 접대하고자 하는 자를 금하여 교회에서 내어 쫓는도다.
- 악한 것을 본받지 말라. 선한 것을 본받으라. 선을 행하는 자는 하나님께 속하고, 악을 행하는 자는 하나님을 뵈옵지 못하느니라.

디오드레베는 또 다른 가정교회의 지도자였을 것으로 추정된다. 그의 악행은 사도의 책망을 받기에 충분했다. 디오드레베의 죄목은 다음과 같다.

① 제일가는 자리를 차지하려 함
② 사도 요한과 그 일행을 영접하지 않음
③ 사도들을 중상모략함
④ 선교사들을 위한 대접을 거절함
⑤ 신자들을 출교시키려 함

이런 행위는 가이오와 크게 비교된다. 마치 좋은 성적표(good report)와 나쁜 성적표(bad report)를 보는 것 같다.

가이오와 디오드레베의 대조

가이오	디오드레베
1) 지도자와 관계를 유지함(1)	1) 지도자와 관계를 맺기 원치 않음(9-10)
2) 그의 선행이 성도들에 의해 인정됨(3)	2) 그의 악명이 널리 알려짐(10)
3) 모범을 보이는 숨은 지도력(6)	3) 악한 영향력에 바탕을 둔 두목 기질(9-10)
4) 대접하기를 좋아함(5-6)	4) 인색하고 무례함(10)
5) 지도자에게 인정됨(3-4)	5) 악행을 책망받음(10)
6) 하나님의 일이 맡겨짐(8)	6) 신앙적 기초가 의심받음(11)

출처: 김인철, 710쪽.

디오드레베는 교회 전체에 부정적인 영향을 주었고, 그가 과연 하나님을 믿는 사람인가 의심케 만들었다. 그는 교회의 연합과 일치를 깨뜨린 잘못된 지도자가 된 것이다. 요한이 그를 언급한 것은 가이오의 선한 영향력이 크게 발휘되기를 바라는 소망이 담겨 있다.

4. 데메드리오의 선한 증거

- 데메드리오(Demetrius)는 뭇사람에게서, 진리에서도 증거를 받았으며 우리도 증거하노니 우리의 증거가 참된 줄을 아느니라.

요한은 다른 순회전도자들이 디오드레베로부터 행패를 당한 것처럼 데메드리오도 박대를 받지 않을까 염려하면서 데메드리오가 얼마나 신실한 사람인가를 말해주고 있다. 요한은 이 편지를 쓰면서 데메드리오가 순회 전도자로서 합당한 대우를 받기를 바랐다.

5. 맺음말

- 면대하여 말하리라. 내가 네게 쓸 것이 많으나 먹과 붓으로 쓰기를 원치 아니하고 속히 보기를 바라노니 또한 우리가 면대하여 말하리라
- 문안과 축복: 평강이 네게 있을지어다. 여러 친구가 네게 문안하느니라. 너는 각 친구 명하(every one of them)에 문안하라.

요한은 직접 가이오를 볼 수 있기를 바랐다. 만나서 가이오의 선행을 칭찬해주고, 그의 지도력을 인정해주며, 순회전도자를 더 잘 보살피도록 권면하고, 교회의 일치와 단합을 강조하고 싶었을 것이다. '평강이 있을지어다.'는 축복의 선언이다.

요한삼서의 강조점

- 믿음은 선행으로 증명되어야 한다. 진리 안에서 행하라.
- 하나님의 일에 동참하라. 어려움 가운데 있는 선교사들을 도우라.

- 교회의 연합과 일치를 이루라. 지도자에게 순종하고 인정을 받으라.
- 교회 앞에 모범이 되라. 선한 것을 본받으라.
- 반대를 두려워 말며, 선한 싸움을 싸우라. 악한 것을 본받지 말라.
- 사람들로부터도 인정을 받고, 진리를 행함에서도 인정을 받으라.
- 선한 증거를 많이 가지고 남을 축복하는 사람이 되라.

제2부

요한계시록

제1장 요한계시록의 일반적 성격

1. 요한과 요한계시록

요한계시록은 3가지 성격을 가지고 있다. 첫째는 계시(계1:1)요, 둘째는 예언(계1:3)이며, 셋째는 서신(계1:4;22:21)이다. 주님은 주일날 유배지 밧모 섬에 와 있던 요한이 성령이 충만한 가운데 있을 때 말씀을 주시고 신비한 체험을 하게 하신 후 본 바와 들은 바 모두를 기록하여 소아시아 7 교회에 보내라고 명령(계1:1)하셨다.

요한은 도미티아누스 황제의 박해(95년)로 인해 밧모 섬에 유배된 것으로 추정되고 있다. 당시 세상에는 100여 개의 교회가 있었던 것으로 알려져 있다. 바울 혼자 수십 개의 교회를 세웠고, 다른 사도들도 그리했을 것이다. 그러나 그 많은 교회 가운데서도 주님은 소아시아 일곱 교회를 대표적으로 택하여 말씀을 주고자 하셨다.

이 교회들은 지리적으로 모두 밧모 섬 건너편에 있는 교회들로서 지금의 터키지역에 있던 교회들이다. 주님은 교회들이 외적인 박해와 말씀의 혼잡으로 인하여 믿음이 흔들리고 하나님을 저버릴 위험에 빠져 있는 것을 보시고 그들의 믿음을 견고히 할 필요를 느끼셨다. 이 교회들은 모두 사도들이 세운 교회들로서 당시 마지막 사도였던 요한은 그 교회들에 대한 관심이 매우 컸었다. 주님은 어려움에 처한 교회, 배교의 위험 속에 있는 교회들에 대해 이 계시의 말씀들을 읽고 듣고 지키도록 함으로써(계1:3) 그리스도의 궁극적인 승리를 보여주고 그들로 하여금 위로와 용기와 소망을 갖도록 하셨다.

주님이 주신 이 메시지는 일차적으로 소아시아에 있는 일곱 교회를 대상으로 한 것이지만 궁극적으로는 모든 시대의 모든 교회, 곧 하나님의 교회를 향한 주님의 메시지이며 교회를 통해 신앙생활을 하는 모든 그리스도인을 향한 것이기도 하다.

요한계시록의 저자는 요한(계1:1)으로 밧모 섬에서 기록했다(계1:9). 95년에 기록한 것으로 보고 있다. 순교자 저스틴(Justin)은 사도 요한을 계시록 저자라 했다. 그러나 익명의 다른 요한이거나 에베소 교회의 장로 요한일 수 있다는 주장도 있다. 어떤 이는 사상과 문체가 다르다는 이유를 들어 사도 요한의 저작을 부인한다. 그러나 하나는 복음이요 다른 하나는 계시라는 점을 구별해야 한다.

중요한 것은 저자가 구약에 능통하다는 점이다. 계시록의 미래 예언이 구약예언과 일치하기 때문이다. 또한 황제숭배를 거부함으로써 하나님 절대 주권신앙을 가지고 있다. 니골라 당은 타협주의에 서 있었는데 요한은 "악한 이교도 습성 가진 자와 교분을 끊으라." 명령하고 있다. 또한 요한은 그리스도의 영화로운 모습을 목격(계1:10)했다. 모세는 떨기나무 가운데서, 이사야는 높은 보좌에 앉으신, 에스겔은 보좌의 형상 위에 계신, 그리고 다니엘은 힛데겔 강(티그리스강)가에서 영화로운 모습을 보았음에 비해 요한은 '인자 같은 이'로 영화로운 모습을 보았다. 이 모습들은 이스라엘이 위기에 처했을 때 나타난 모습이었다.

요한은 밧모 섬에 유배되었는데 죄목은 하나님말씀과 예수를 증거했다는 것이다. 계시록의 총 주제는 그리스도와 교회에 관한 것으로, 교회가 원수들과 많은 투쟁을 한다는 것이다. 이 책은 묵시(계시)로 하나님의 비밀을 드러내고 있다. 예언서로서 특히 소아시아 일곱 교회에 보내라는 명령이 기록되어 있다. 하나님께서 그의 종들(교회)에게 주신 말씀으로, 친히 교회에게 주신 말씀이라는 특색이 있다. 이 말씀은 모든 고난당하는 교회에 주시는, 시대를 초월한 말씀이다. 역사적 상황은 변할 수 있어도 우리의 관심은 예수 그리스도다. 단지

역사적 사건에 대한 환상이 아니라 그리스도에 대한 환상이다. 영적인 진리는 변하지 않는다. 계시록은 1세기 교회들을 향한 말씀일 뿐 아니라 시대와 장소를 초월한 모든 교회를 향한 말씀이다.

2. 요한계시록의 구성과 성경 예언

요한계시록의 구성

구 분		내 용
1-3장	일곱 교회에 보내는 편지	에베소교회, 서머나교회, 버가모교회, 두아디라교회, 사데교회, 빌라델비아교회, 라오디게아교회
4-7장	일곱 인	첫째 인에서 일곱째 인까지, 하늘로부터 오는 재난, 심판
8-9장	일곱 나팔	첫째 나팔에서 일곱째 나팔까지
10-13장	일곱 표적	예수의 생애, 바다에서 나온 짐승, 땅에서 나온 짐승, 시온 산에 선 어린양, 세 천사의 경고, 네 천사의 추수, 승리자의 경배
14-16장	일곱 재앙	첫째 대접에서 일곱째 대접까지. 재앙
17-19장	일곱 가지 최후심판	큰 음녀, 열 뿔 짐승, 땅의 왕들, 땅의 상고들, 거짓 선지자, 용, 생명책에 기록되지 못한 자
20-22장	일곱 가지 새로운 것	새 하늘과 새 땅, 새 예루살렘, 새 사람, 새 만물, 새 성전, 새 빛, 새 낙원

성경의 주요 예언 주제와 요한계시록

- 주 예수 그리스도(창3:15;계1:13;12:5)
- 교회(마16:18;계19:7-9)
- 성도들의 부활(단12:2,3;살전4:13-18;고전15:51,52;계20:4-6)
- 대환난(신4:30,31;사24장;계6-18장)
- 사단(사4:12-15;스28:11-19;계20:1-10)

- 죄 많은 인간(살후2:1-12;계19:19-21)
- 거짓 종교(창11:1-9;마13장;계17장)
- 이방인의 때(단2:37;눅21:24;계18장)
- 그리스도의 재림(유1:14,15;계19:11-16)

3. 교회와 요한계시록

요한이 본 환상을 그리스도 안에 존재하는 교회의 생명, 그리스도에 의한 교회의 구원, 교회의 그리스도 증거, 교회의 그리스도를 위한 투쟁, 교회를 보호하시는 그리스도, 그리스도와 교회의 결합 등 6부분으로 나누어 볼 수 있다.

1) 그리스도 안에 존재하는 교회의 생명(1-3장)

교회는 그리스도로부터 출발한다. 이것이 교회의 생명이다. 그리스도는 모든 것의 열쇠이며, 교회 사이를 다니시는 최고의 감독자이다. 그리스도는 교회 안에, 교회는 그리스도 안에 서로 존재한다.

교회에 대한 말씀 속에 3가지 요소가 포함되어 있다. 첫째, 영화로우신 그리스도의 모습이 환상이나 명칭을 통해 나타나고 있다. 둘째, 바람직한 교회 상이 강조되어 있다. 셋째, 충성스런 자에게 특별한 상이 약속되어 있다.

특히 소아시아 일곱 교회에 대한 말씀이 상세하게 적혀 있다.

- 에베소교회: 처음 사랑을 잃어버렸다.
- 서머나 교회: 환난을 겪고 있지만 아직도 더 겪어야 한다.
- 버가모 교회: 악과 타협했던 자들 때문에 회개할 필요가 있다.
- 두아디라 교회: 칭찬받을 것이 많이 있지만 거짓교훈을 묵인했

기 때문에 책망을 받게 된다.

- 사데교회: 온전함을 잃었다. 명목상 살았다 하나 실제로는 죽은 교회다.

- 빌라델비아 교회: 인근지방 향해 전도 포문을 열었으므로 이 특별한 기회를 굳게 잡으라.

- 라오디게아 교회: 미지근한 자기만족에 빠졌다. 그들의 가난·눈 멈·헐벗었음을 시인하는 겸손을 잃었다.

그러므로 교회는 사랑·인내·거룩함·바른 교리·온전함·전도·겸손을 나타내는 교회가 되어야 한다는 것을 가르쳐주고 있다.

일곱 교회에 대한 해석에서 과거주의적 해석학파, 미래주의적 해석학파, 상징주의적 해석학파 등에 따라 해석이 달라진다. 과거주의적 해석학파(자유주의자들)는 과거의 역사이므로 현재나 미래와 상관이 없다고 주장한다. 미래주의적 해석학파(세대주의자들)는 미래에 있을 교회의 사건으로 본다. 상징주의적 해석학파는 상징으로 본다. 이 파는 교훈은 주지만 역사성이나 문자성을 약화시킨다. 우리의 입장은 이를 역사적으로 봐야 하며, 특히 구속사적으로 이해할 필요가 있다는 데 있다.

2) 그리스도에 의한 교회의 구원(4-7장): 인에 의한 환상

삼위께서 교회 구원을 위해 적극적으로 활동하시며 교회는 그리스도에 의해 구원을 받는다. 하늘 문이 열리자 하나님 보좌를 보았다. 24장로(교회), 4생물(모든 피조물), 천사들, 인자만이 뗄 수 있는 책이 있다. 어린양이 인을 뗄 때마다 재앙이 임한다. 재앙은 어린양의 허락이 있어야 한다. 인은 그리스도의 허락을 내포하고 있다. 두 무리가 목격된다. 하나는 이스라엘 12지파서 각 12,000명씩 144,000의 무리요, 다른 하나는 각 나라로부터 온 셀 수 없이 많은 무리(범세계적 구원)다. 이는 교회 전체를 대변하며, 그들은 하나님 주권에 의해 구원을 받는다.

3) 교회의 그리스도 증거(8-11장): 핍박

나팔에 따라 환상이 전개된다. 이는 하나님의 경고를 나타낸다. 교회는 세상을 향해 회개하도록 경고한다. 7재앙 가운데 4재앙은 강도가 비교적 약했으나 나머지 3재앙은 화를 부를 정도로 처참하다. 이 재앙과 함께 교회가 활동을 개시한다.

요한이 책을 받아먹는다. 이것은 책 내용을 소화했음을 상징한다. 그 후 예언하도록 명령을 받는다. 두 증인을 세운다. 이는 그리스도를 증거하는 교회다. 교회는 세상을 향해 경고한다. 증거 임무가 끝나면 원수들에 의해 죽임을 당한다. 세상에는 잠시 그리스도 증거자가 없게 된다. 교회는 영광의 휴거와 최후 심판 전에 박해 딛고 부활한다. 구원받을 자의 수가 차고 교회의 증거임무가 끝날 때 성전이 하늘에 나타나고 하나님이 그의 백성들과 함께 거한다.

4) 교회의 그리스도를 위한 투쟁(12-14장): 대결

최후의 심판을 하시러 내려오신다(11장). 하늘 문이 열리고 하늘의 비밀을 보여주신다. 두 나라가 대결한다. 하나는 어린양으로 대표되는 하나님의 나라 그리스도의 제국이고, 다른 하나는 용으로 상징되는 사단의 제국이다.

교회의 원수들은 용과 3연합군으로 묘사된다. 용은 사단 자신으로 마귀요 온 천하를 꾀는 자다. 3연합군은 바다짐승, 땅의 짐승(거짓선지자), 큰 음녀(큰 성 바벨론, 붉은 빛 여자)다. 용은 사내아이(그리스도)를 공격한다. 그리스도는 죽음과 부활로 사단을 이긴다. 용은 그리스도인 각 개인을 대상으로 교회를 추격한다. 바다에서 온 짐승(로마), 7머리(박해한 7황제). 7머리 중 하나(네로황제, 666숫자는 히브리 숫자로 '네로 시저(Nero Cesar)'를 나타낸다)가 치명상을 입고 죽을 것 같았으나 결국 나아버렸다(도미시안 황제가 박해정책 부활시켜). 땅에서 올라온 짐승(시저에 대한 우상숭배)이 첫째 짐승(박해군주)을 경배하도록 강요한다. "큰 성 바벨론이여 무너졌도다 그 음행으로 인하여"는 로마 제국의 타락을 말한다. 사단은 아직도 각종 이단, 현실주의, 상대주의를 이용하여 교회를 무너뜨리려 한다.

5) 교회를 보호하시는 그리스도(15-20장): 보호

멸망당할 짐승을 경배하려는 자에게 경종이 울린다. 성도들에게 인내하도록 격려한다. 7대접의 진노로 큰 음녀가 멸망한다. 하나님의 공의로우신 징벌이요 심판이다. 어린양과의 혼인잔치가 임박하다. 환호성과 할렐루야를 외친다. 그리스도가 만국을 통치하기 위해 백마를 탄 기사로 내려오신다. 사단은 천 년 동안 무저갱에 갇힌다(신약시대 전체기간). 사단은 종말 직전 잠간 놓인다. 아마겟돈 전쟁이 일어나고 불 못에 던져진다.

6) 그리스도와 교회의 연합(21-22장): 승리

세상 멸망 뒤 교회가 완전히 승리한다. 그리스도와 교회가 하늘에서 연합한다. 이를 상징을 통해 묘사한다. 새 하늘과 새 땅이 그것이다. 요한은 먼저 곱게 단장한 신부와 같은 교회를 목격한다. 높은 성곽을 가진 성이 내려오는 것을 목격한다. 성도 예루살렘이다. 그 성에는 하나님의 영광이 가득하고 하나님께서 직접 통치하신다. 이 성에는 하나님과 어린양이 친히 성전이 되시므로 성전이 따로 존재하지 않는다. 성 전체가 지성소와 같다. 강이 흐르고 있는 동산을 본다. 생명나무가 있던 에덴동산이 재현된다. 이 모두는 구약 예언의 성취다. 어떤 부분은 이미 복음을 통해 이루어졌다. "우리는 정결한 신부가 되었다"(고후11:2), "시온산 위에 있으며"(히12:22), "생명수를 마시고 있다"(요4, 7:37-9). 그러나 미래의 완전한 성취는 현재 교회가 경험한 것보다 훨씬 더 찬란할 것이다.

요한계시록의 말씀에 대한 불순종, 봉함, 기감을 금지한다. 그 이유는 주님이 "내가 속히 오리라" 하셨기 때문이다. 계시록은 교회가 겪어야 할 투쟁, 구원, 최후승리를 상징적으로 보여주고 이에 대한 확신을 준다. 그리스도는 인자로 촛대 사이에 거하시고, 어린양과 사자로 하나님 보좌 곁에 계시며, 장차 왕 중 왕으로 백마를 타고 오실 것이다. 죄에 물든 교회여 "회개하라"(나는 안다), 의심하는 교회여 "내가 이겼노라 믿기만 하라", 두려워하는 교회여 "곧 오리니 인내하라."

4. 요한계시록의 해석 방법

1) 과거주의적 해석(preterist view)

요한계시록의 모든 사건은 로마 제국 시대에 성취되었다고 보는 해석이다. 20-22장은 당시 교회의 승리이다. 그러나 이 해석은 사단 왕국의 완전 전복과 악의 최종척결, 하나님 나라의 완성 등이 아직 성취되지 않아 이 부분을 설명하기 미흡하다는 지적을 받고 있다.

2) 역사적 해석(historicist view)

요한계시록은 요한 시대부터 세상 끝 날까지의 장대한 교회 역사(로마 함락, 이슬람주의, 교황제도, 종교개혁 등)가 담겨 있다는 해석이다. 이 책은 전 교회 시대를 통하여 성취된다. 이 견해의 주창자들은 교회사에 나타나는 교황권의 발흥, 교회의 부패 및 갖가지 전쟁들을 이 책의 상징에서 찾아낸다. 대부분의 종교개혁자들도 요한계시록을 이와 같이 해석했다. 이 해석을 하는 대부분의 학자가 주로 서양 역사에 초점을 두고, 자기 시대에 정점을 이루는 역사를 말하는 단점이 있다.

3) 관념적 해석(idealist view)

요한계시록은 실제 사건에 대한 표현이 아니라 선과 악의 영적 전투에 대한 상징적 표현이라는 주장이다. 기독교와 악, 하나님 나라와 사단의 나라 사이의 충돌을 상징적으로 표현한 것이다. 즉 풍유(allegory)라는 견해다.

4) 미래주의적 해석(futurist view)

4장부터 시작한다면 요한계시록은 마지막 시대에 발생할 미래 사건에 대한 서술이라는 주장이다. 즉 요한계시록은 예언서라는 것이다. 이 해석은 미래의 궁극적인 승리를 통해 신자들을 위로하고, 요한계시록의 성취되지 않은 부분에 대해 설명이 가능하다. 그러나 사도 요한 당시의 신자들에게 구체적이고 실제적인 교훈은 되지 못한다는 단점이 있다.

5. 요한계시록의 특징

1) 요한계시록은 예수 그리스도가 어떤 분이신가를 뚜렷하게 보여준다.
• 예수 그리스도는 교회 가운데 계신다.
• 예수 그리스도는 역사를 주관하신다.
• 예수 그리스도는 성도의 구원을 완성하신다.
• 예수 그리스도는 세상과 악한 존재들을 심판하신다.

- 예수 그리스도는 다시 오신다.
- 예수 그리스도는 새 하늘과 새 땅으로 성도를 인도하신다.
- 예수 그리스도만이 경배받기에 합당한 만주의 주시다.

2) 선과 악을 구별한다.
- 하나님과 예수 그리스도, 성령, 요한, 성도들, 네 생물, 24장로, 천사들, 그리스도의 신부, 두 증인, 해를 입은 여인, 순교자들은 선을 대표한다.
- 사단 곧 용과 그 부하 짐승, 거짓 선지자, 큰 음녀, 불신자들, 땅의 임금들은 악을 대표한다.

3) 묵시인 동시에 예언서이다. 계시록에서 묘사되는 상징적 존재나 사건들은 문자적으로 성취되는 것은 아니다. 예를 들어 큰 음녀는 실제 인물이 아니라 바벨론이라 불리는 거대한 문명체계를, 열 뿔 가진 짐승은 실제 짐승이 아니라 열 명의 왕들을 가리킨다.

이 책은 특히 상징에 의한 계시방법을 사용하였다. 천사, 예수 모습(영적 의미), 비유, 숫자, 사물, 구약서 인용(바벨론) 등 다양하다.

- 앞뒤에 눈이 가득한 생물: 빈틈없이 경계 펴는 생물 모습
- 성도의 하얀 옷: 성도들이 하나님 앞에 설 수 있는 것은 오직 그리스도의 대속적 은총 때문이다.
- 4: 창조된 세상, 나침반 4방향, 4풍
- 4생물: 창조주에 대한 피조물의 종속성
- 7: 완전성(7일 창조사역 완성)
- 7교회: 당시 교회뿐 아니라 전 교회 대표
- 12: 교회, 12지파, 12제자

- 24장로: 신구약의 모든 교회가 경배드림
- 10: 무한성과 중대성 표시(x10)
- 144,000: 12x12x1000로 구속받은 모든 교회
- 천년왕국: 문자 그대로의 천년이 아니라 기간은 불확실하나 매우 오랜 기간
- 3년 반(한 때, 두 때, 반 때), 42달, 1260일: 초림과 재림 사이의 신약시대 전체 의미한 듯하다. 한 달을 30일로 계산하면 이 기간들은 모두 동일한 기간이다. 전체 인류역사 7년으로 보면 초림이 이등분되고 나머지 3년 반 동안 교회는 고난을 겪지만 하나님이 영력을 주신다.

4) 창세기와 대비를 이룬다. 창세기에서 시작된 일들이 완성되거나, 잃어버렸던 것들이 회복된다. 창세기의 첫 하늘과 첫 땅은 계시록의 새 하늘과 새 땅과 대비된다. 창세기에서 잃어버렸던 생명나무와 낙원은 계시록에서 되찾는다. 창세기에 나타난 죽음과 저주가 계시록에서는 더 이상 존재하지 않게 될 것으로 끝을 맺는다. 창세기가 역사와 계시의 시작을 기록했다면 계시록은 그것의 완성과 끝을 기록하고 있다.

5) 미래에 대해 확고한 전망을 갖게 한다. 성경연구 방법은 망원경적 방법과 현미경적 방법이 있다. 계시록은 하나님의 구원 역사에 있어서 '이미'(과거)와 '아직'(미래) 사이에서 망원경적 전망을 하게 만든다. '이미'는 이루어진 역사이고, '아직'은 이것에 기초해 앞으로 이루어질 세계이다. 계시록은 두 영역 사이에 있는 우리에게 하나님의 말씀에 따라 앞으로 어떤 자세를 가지고 살아가야 하는가를 가르쳐 주고 있다.

제2장 요한계시록 1장: 예수 그리스도의 계시라

1. 계시와 계시록의 저자 요한

계시

- 예수 그리스도의 계시(revelation)
- 하나님이 그에게 주시고 반드시 속히 될 일을 그 종들에게 보이시려고 그 천사를 그 종 요한에게 보내어 지시하신 것

'예수 그리스도의 계시'는 두 가지 해석이 가능하다. 첫째, 예수 그리스도로로부터, 또는 예수 그리스도에 의한 계시다. 둘째, 예수 그리스도에 관한 계시다.

계시는 헬라어로 '아포칼립시스(apokalypsis)'로 '벗긴다, 열어 보인다, 나타내 보인다, 막을 연다'는 뜻을 가지고 있다. 숨겨진 것, 가려진 것을 벗겨 보여주시는 것으로, 하나님의 비밀을 보여주시는 것이다. 하나님 자신이 가린 커튼을 벗겨 주셔야 인간이 알 수 있다.

요한

- 요한은 하나님의 말씀과 예수의 증거, 곧 자기의 본 것을 다 증거
- 요한은 너희 형제
- 예수의 환란, 나라, 참음에 동참하는 자

2. 말세의 첫째 복

- 이 예언의 말씀을 읽는 자, 듣는 자, 지키는 자들이 복이 있나
  니 때가 가까움이라.

복은 헬라어로 '마카리오스'로 은혜를 입었음(blessed)을 뜻한다. 진정한 복은 하나님으로부터 온다.

하나님의 말씀을 영적으로 읽고, 듣고, 지키는 자가 복이 있다. 그리스도인은 자라기를 멈춰서는 안 된다. 늘 훈련받고 자라되 주님이 원하시는 수준까지 성장해야 한다. 성장하는 자에게는 권태가 없다.

요한계시록이 말하는 복 있는 자
- 이 예언의 말씀을 읽고 듣고 지키는 자(1:3)
- 주 안에서 죽는 자(14:13)
- 깨어 근신하는 자(16:15)
- 어린양의 잔치에 청함을 받은 자(19:9)
- 첫째 부활에 참여하는 자(20:6)
- 예언의 말씀을 지키는 자(22:7)
- 두루마리를 빠는(회개하는) 자(22:14)

시편 1편이 말하는 복 있는 자
- 악인의 꾀를 좇지 않는 자(1절)
- 죄인의 길에 서지 아니하는 자(1절)
- 오만한 자리에 앉지 아니하는 자(1절)
- 여호와의 율법을 즐거워하는 자(2절)
- 율법을 주야로 묵상하는 자(2절)

마태복음 5장이 말하는 복 있는 자
- 심령이 가난한 자(3절)
- 애통하는 자(4절)
- 온유한 자(5절)
- 의에 주리고 목마른 자(6절)
- 긍휼히 여기는 자(7절)
- 마음이 청결한 자(8절)
- 화평케 하는 자(9절)
- 의를 위하여 핍박을 받는 자(10절)

'때가 가까움이라.' 여기서 때는 연속적 시간을 나타내는 크로노스(chronos)가 아니라 일정한 때를 나타내는 카이로스(kairos)이다. 하나님이 정한 때가 가까워온다는 것이다. 그때가 가까울수록 예언의 말씀을 읽고 듣고 지키는 자가 복이 있다.

3. 아시아 일곱 교회에 인사

- 요한은 아시아에 있는 7교회에 편지하노니
- 예수 그리스도로 말미암아 은혜와 평강이 너희에게 세세토록 있기를 원하노라

하나님의 영광, 하나님의 어린양과 구속받는 자의 영광을 보고 감격의 찬양을 겸한 인사를 한다(메시지 안의 영광송).

일곱 교회는 북쪽 에베소 교회로부터 시작하여 시계 방향으로 돌며 50마일씩 떨어져 위치하고 있다. 맨 마지막은 라오디게아 교회이다. 아시아는 당시 로마의 한 주로 오늘날 터키 서부지방이다. 당시

대략 100여 개의 교회가 산재해 있었을 것으로 추측되고 있다. 그 많은 교회 가운데서 주님은 7교회를 대표적인 교회로 택하여 말씀하셨다. 메시지는 7교회지만 모든 시대에 모든 교회에 적용될 수 있도록 주어졌다.

＊ 생각해볼 문제: 일곱 교회

일곱 교회에 대해서도 여러 해석이 존재한다. 일반적으로 7이라는 수는 완전수이므로 신약시대 전체 교회를 말하는 것으로 이해한다. 그러나 세대주의자 스코필드나 다른 해석자들은 다르게 해석하기도 한다.

먼저 세대주의자들의 견해는 다음과 같다.

- 에베소교회: 사도 요한에서 데기우스 황제의 핍박까지(A.D. 100-250)
- 서머나교회: 데기우스 황제의 핍박에서 디오클레시안 황제의 핍박까지(A.D.250-311)
- 버가모교회: 디오클레시안 황제의 핍박에서 800년까지
- 두아디라교회: 800년에서 1200년까지
- 사데교회: 종교개혁 전까지(1200년에서 1517년까지)
- 빌라델비아교회: 종교개혁에서 근세교회 초기까지(1517에서 1827년까지)
- 라오디게아교회: 근세교회에서 세상 끝 날까지(1827～)

윌밍턴(H. Willmington)의 견해를 보면 아래와 같다.

- 에베소교회: 사도시대의 교회(A.D.100년까지의 원시교회)

- 서머나교회: 교회의 순교시대(100~313년) – 니케아회의 전시대 교회, 로마핍박시대
- 버가모교회: 교회 타협시대(314~590년 그레고리 첫 교황) – 국교 시대의 교회
- 두아디라교회: 로마가톨릭 교회시대(590~1517년 종교개혁 시까지의 중세암흑시대) 황 전제시대
- 사데교회: 종교개혁 이후의 교회(1518~1700) – 교리싸움으로 선교는 없었다.
- 빌라델비아교회: 교회부흥시대(1700~1900) – 영국 윌리엄 캐리 선교시대
- 라오디게아교회: 교회의 세속화 시대(1900~그리스도 재림까지)

- 미지근한 현대 교회

일곱 교회의 특성

교회	의미	칭찬	비판	가르침
에베소	바람직한	악한자 불용	처음 사랑 버림	처음 사랑을 회복하라
서머나	몰약	환난, 궁핍 견딤	없음	죽도록 충성하라
버가모	혼인	믿음 수호	부도덕,우상숭배허용	회개하라
두아디라	계속적 희생	사랑, 믿음, 인내	부도덕, 수상숭배 허용	심판이 다가온다
사데	남은 자	남은 자 있음	죽은 교회	남은 것을 굳게하라
빌라델비아	형제 사랑	믿음으로 인내	없음	믿음을 지키라
라오디게아	인권	없음	무관심, 미지근함	열심을 내라

4. 예수 그리스도

1) 예수 그리스도
- 이제도 계시고 전에도 계시고 장차 오실 이
- 그 보좌 앞에 7영
- 충성된 증인으로 죽은 자들 가운데서 먼저 나시고 땅의 임금들
  의 머리가 되심
  우리를 사랑하사 그의 피로 우리 죄에서 우리를 해방하시고(우
  리 죄를 씻으시고)
  그 아버지 하나님을 위하여 우리를 나라(kingdom)와 제사장으로
  삼으심

2) 오실 예수: 예수님의 영광스러운 미래 역사
- 구름을 타고 오시리라
- 각인의 눈이 그를 보겠고 그를 찌른 자들도 볼 터이요
- 땅에 있는 모든 족속이 그를 인하여 애곡하리라
- 주 하나님이 가라사대 "나는 알파와 오메가라 이제도 있고 전에
  도 있었고 장차 올 자요 전능한 자라"

구름을 타고 오시는 것은 주님의 재림을 말한다. '나는 알파와 오
메가라'는 말씀은 하나님의 영원성을 보여준다.

5. 밧모 섬의 요한

- 하나님의 말씀과 예수의 증거를 인하여 밧모(Patmos) 섬에 있었
  더니

- 주의 날에 내가 성령에 감동하여 내 뒤에서 나는 나팔소리 같은 큰 음성을 들으니 "너 보는 것을 책에 써서 에베소, 서머나, 버가모, 두아디라, 사데, 빌라델비아, 라오디게아 7교회에 보내라" 하시기로

밧모 섬은 요한이 도미시안 박해 때 추방되었던 섬이다. 에게 해에 있고, 나무가 없고 바위가 많은 화산섬이다. 도미시안은 예루살렘을 파괴했던 티투스(Titus) 형제이다. 로마가 그리스도인들을 박해한 이유는 크게 4가지였다.

첫째, 그리스도인들은 온갖 우상을 모아놓은 판테온(Pantheon) 신전에 참예하지 않았다. 그리스도인들은 가시적인 신을 숭배하지 않았기 때문에 그들의 눈에는 무신론자처럼 보였을 것이다.

둘째, 그리스도인들은 돈이나 희생제물을 로마의 우상들에게 바치지 않았다.

셋째, 그리스도인들은 혹시 식인종들이 아닌가 하는 의혹 때문이다. 성찬식에서 예수님의 피와 살을 먹는 것에 대한 오해였다.

넷째, 그리스도인을 속죄양으로 삼으려는 의도 때문이었다. 특히 네로는 여러 국가 문제의 책임을 로마에 사는 그리스도인에게 둘러씌우려 했다.

요한은 주의 날에 계시를 받았다. 주의 날은 부활을 기념한 날로, 오늘의 주일을 가리킨다. 이 주일에 임한 하늘음성은 곧 명령이 되었다.

6. 그리스도에 대한 묘사

- 몸을 돌이켜 나더러 말한 음성을 알아보려고 돌이킬 때 7금 촛대를 보았는데

- 촛대 사이에 인자 같은 이가 발에 끌리는 옷을 입고
- 가슴에 금띠를 띠고
- 그 머리와 털의 희기가 흰 양털 같고 눈 같으며
- 그의 눈은 불꽃같고
- 그의 발은 풀무에 단련한 빛난 주석 같고
- 그의 음성은 많은 물소리와 같으며
- 그 오른손에 7별이 있고
- 그 입에서 좌우에 날선 검이 나오고
- 그 얼굴은 해가 힘 있게 비취는 것 같아

7. 나는 처음이요 나중

- 내가 볼 때 그 발 앞에 엎드려져 죽은 자같이 되매 그가 오른 손을 내게 얹고 가라사대 "두려워 말라.
- 나는 처음이요 나중이니 곧 산자
- 내가 전에 죽었으나 보라 이제 세세토록 살아 있어
- 사망과 음부의 열쇠를 가졌노니"

이 놀라운 광경에 요한은 꼼짝없이 얼어붙은 듯했다. 한때 주님과 함께 동행했던 그가 다시 주님을 뵐 수 있었지만 주님의 모습은 과거의 모습이 아니었다. 눈부신 모습의 주님께서 찬란한 빛을 발하고 있었기 때문이다. 그는 죽은 자처럼 주님의 발 앞에 엎드려졌다.

8. 기록하라

- 그러므로 네 본 것, 이제 있는 일, 장차 될 일을 기록하라.
- 네 본 것은 내 오른손에 7별의 비밀과 7금 촛대라, 7별은 7교회의 사자요 7촛대는 7교회니라.

'네 본 것'은 계시록 2장과 3장을 통해 나타난 7교회의 칭찬과 책망을 가리킨다. 이제 있는 일은 계시록 1장에 나타난 계시를 받았을 때의 상황을 말한다. 장차 될 일은 계시록 4장에서 22장까지의 내용이다.

일곱 별은 일곱 교회의 사자다. 사자는 '토 왕겔로'로 문자적으로는 천사다. 오리겐이나 제롬 등은 이를 교회를 관장하는 리더로 해석하였다. 교회의 리더는 교회를 지도할 뿐 아니라 말씀을 전한다. 하나님은 오른손에 일곱 별을 붙잡고(계2:1) 계신다. 교회 지도자를 중요하게 생각하고 붙잡고 계신다. 일곱은 7소아시아교회를 일컫는다.

일곱 촛대는 일곱 교회를 가리킨다. 지도자가 잘못하여 교회가 잘못되면 촛대를 옮기신다. 교회는 하나님이 붙잡고 계셔야 되고, 교회와 교회 지도자는 좋은 교회를 만들고자 노력해야 한다. 좋은 교회는 만들어진다. 지도자를 사랑하라. 초대교회는 교회 지도자 바나바와 바울에 대해 생명을 걸고 사랑하는 모습을 보여주었다. 지도자를 위해 기도하라. 지도자는 마귀의 표적이 되기 쉽다. 끝이 더 좋은 지도자가 되게 기도하라. 하나님과 생동감 넘치는 관계가 지속되도록 기도하라. 배우는 자세, 예수를 닮아가는 지도자, 결정적으로 믿음의 공헌이 있도록 기도하라.

제3장 요한계시록 2장:
에베소 등 4교회에 보내는 편지

1. 에베소 교회에 보낸 편지

• 에베소 교회의 사자에게 편지하기를 오른손에 7별을 붙잡고 7금 촛대 사이에 다니시는 이가 가라사대

에베소(Ephesus)는 바닷가에 있던 상업도시, 행정이 독립되고 재판소를 갖춘 정치도시, 이방신전이 많은 도시였다. 상업이 성해 '허영의 시장(vanity fair)'이라 불리기도 했다.

에베소교회는 바울에 의해 세워졌고, 아굴라와 브리스길라가 동역했으며, 디모데가 바울로부터 두 통의 목회서신을 받은 곳이다. 요한이 밧모 섬에 유배되기 전까지 사역했던 곳이다.

오른손에 7별을 붙잡고 7금 촛대 사이에 다니시는 그리스도는 능력이 있으신 분임을 상징한다. 예수님의 이 모습을 여기서 다시 소개한 것은 에베소교회가 소아시아의 여러 교회들 가운데 지도적 위치에 있었기 때문으로 보인다.

1) 에베소 교회가 칭찬받은 것
• 내가 네 행위와 수고와 네 인내를 알고
• 악한 자들을 용납지 아니한 것
• 자칭 사도라 하되 아닌 자들을 시험하여 그 거짓된 것을 네가 들어낸 것
• 네가 참고 내 이름을 위하여 견디고 게으르지 않은 것을 아노라

- 네가 니골라 당(Nicolaitans)의 행위를 미워하는도다 나도 이것을 미워하노라

'네 행위와 수고와 인내'는 생명을 내건 인내, 지쳐 쓰러질 정도의 수고를 말한다.

에베소 교회는 거짓교리를 용납하지 않았으며 진리 수호를 잘했다. 특히 니골라 당이 에베소 교회를 비롯해서 여러 교회에 침투해 복음의 진리를 왜곡하고 교회를 분열시켜 요한은 이에 대한 염려가 컸다.

✳ 생각해볼 문제: 니골라 당

니골라 당(Nikolaites)은 교회 내에 존재하던 이교도 출신의 분파로, 특히 에베소와 버가모 교회에 나타난 이단의 무리이다. 니골라 당은 '정복하다'는 뜻을 가진 '니카오(nikao)'와 '백성'의 뜻을 가진 '라오스(laos)' 두 단어를 합한 것이다. 이교적 종교관습에 개방적이며, 우상숭배와 성적 문란을 조장했다. 이 분파는 세 지류로 형성되었다.

첫째, 버가모파다. 발람의 추종자들로, 발람의 가르침을 따랐다. 니골라와 발람 두 단어 모두 '백성들을 정복함(헬라어: nika laon, 브리어: bala am)'이라는 뜻을 가졌다. 그러나 70인 역에서는 '발라'를 '니카오'로 변역하지 않았다.

둘째, 두아디라파다. 이세벨을 숭배했다.

셋째, 니골라당이다. 일곱 집사 가운데 한 사람인 안디옥의 니골라를 추종하던 무리일 것으로 견해이다. 그러나 이에 대한 결정적 증거는 없으며, 동명이인으로 추정되고 있다.

니골라당은 발람의 교훈을 지키는 자들이나 이세벨의 추종자들처

럼 우상숭배를 했고, 특히 우상에게 제물로 바쳤던 음식을 먹었으며, 부도덕한 행동을 한 것으로 보고 있다. 이로 미루어 니골라당과 후기 영지주의자들이 서로 연관되어 있다는 평가를 받고 있다.

2) 에베소 교회에 대한 책망

- 너의 처음 사랑을 버렸느니라.
- 그러므로 어디서 떨어진 것을 생각하고 회개하여 처음 행위를 가지라
- 만일 그리하지 아니하고 회개치 아니하면 내가 네게 임하여 네 촛대를 그 자리에서 옮기리라.
- 귀 있는 자는 성령이 교회들에게 하시는 말씀을 들을지어다.
- 이기는 그에게는 내가 하나님의 낙원에 있는 생명나무의 과실(창2:9;3;24)을 주어먹게 하리라

진리 수호에는 철저했지만 그것에 몰두한 나머지 형제사랑을 멀리했다는 점에서 문제가 있었다. 진리 수호를 위해 정의감을 가지고 일하다 보면 자연 상대를 지나치게 비판하게 된다. 결국 서로에 대한 최초의 뜨거운 열정도 식어지게 되었다. 그러면서도 '옛날 우리 교회는 좋았다'는 식으로 과거만 회고하는 신앙을 소유하고 있었다.

촛대를 옮기겠다는 것은 주님으로부터 버림을 받게 된다는 것을 의미한다. 교회는 어디서부터 그 사랑을 잃어버렸는지 생각하고, 그 사랑을 온전히 회복해야 한다.

2. 서머나 교회에 보낸 편지

- 서머나 교회의 사자에게 편지하기를 처음이요 나중이요 죽었다

가 살아나신 이가 가라사대

처음이요 나중이요 죽었다가 살아나신 이, 곧 예수 그리스도는 순교에 직면한 사람들에게 그리스도처럼 고난을 받은 후 영원히 살게 될 것을 깨닫게 하신다. 서머나(Smyrna)는 도시 반 이상이 그리스도인이었을 정도였다고 한다.

서머나 교회는 요한의 제자이자 교회 감독인 폴리갑이 86세의 나이에 화형을 당하기까지 그리스도에 대한 충성이 강했던 교회였다. 예수를 부인하면 살려주겠다는 말에 서머나 교회 감독 폴리갑은 "80년하고도 6년 살아오는 동안 주님은 나를 한 번도 실망시키지 않았는데 내가 어떻게 주님을 실망시킬 수 있겠는가?" 말하며 순교했다. 화형에도 그 믿음을 버리지 않았다.

위로받은 서머나 교회
- 내가 네 환난과 궁핍을 아노니 실상은 네가 부요한 자
- 자칭 유대인이라 하는 자들의 훼방도 아노니 실상은 유대인이 아니요 사단의 회(synagogue of Satan)
- 네가 장차 받을 고난을 두려워 말라. 마귀가 장차 너희 가운데서 몇 사람을 옥에 던져 시험을 받게 하리니 너희가 10일 동안 환난을 받으리라
- 죽도록 충성하라. 그리하면 내가 생명의 면류관을 네게 주리라 (10절):
- 귀 있는 자는 성령이 교회들에게 하시는 말씀을 들을지어다. 이기는 자는 둘째 사망(second death)의 해(hurt)를 받지 않으리라.

당시 그리스도인에게 미친 환난은 황제승배를 강요한 것이었다. 고

난을 받을 때 기억하자. 예수님은 우리가 고난 가운데 있음을 아신다.

자칭 유대인이라 하는 그들도 그리스도인들을 멸시했다. 박해가 심하던 시절 유대 배교자들은 사단의 앞잡이가 되었다. 폴리갑이 순교를 당했을 때도 유대인들은 안식일에 그를 태울 장작과 섶단을 모으는 일에 적극 협력했다.

10일은 짧은 박해기간 또는 트라얀의 박해를 가리킨다. 트라얀은 기독교를 탄압하는 법률을 통과시킨 최초의 황제다. 이때 서머나 교회가 크게 박해를 당해 이그나시우스(Ignatius)가 화형을 당했다. 열 황제의 박해를 상징한다는 주장도 있다.

두려워 말라. '내가 누워 자고 깨었으니 여호와께서 나를 붙드심이로다 천만 인이 나를 둘러치려 하여도 나는 두려워 아니하리이다.(시3:5-6).

예수는 영원하다. 예수는 승리하신다. 주님은 모든 것을 아신다. 주님은 현명하시다. 주님은 통치하신다. 주님은 목적이 계신다. 주님은 관대하시다. 영원하신 예수시므로 우리도 그와 함께 영원히 산다. 승리하신 예수이시므로 우리도 승리하신다. 관대하신 주님이시니 우리도 이웃을 위해 주는 삶을 살아야 한다.

믿음을 가지라. '너희를 불러 그의 아들 예수 그리스도 우리 주로 더불어 교제케 하시는 하나님은 미쁘시도다'(고전1:9). '주는 미쁘사 너희를 굳게 하시고 악한 자에게서 지키시리라'(살후3;3).

'죽도록 충성하라. 그리하면 내가 생명의 면류관을 네게 주리라.' 손 양원 목사도 10절의 이 말씀을 바탕으로 애양원 교인들을 대상으로 마지막 설교를 했다.

"시험을 참는 자는 복이 있도다 이것에 옳다 인정하심을 받은 후에 주께서 자기를 사랑하는 자들에게 약속하신 생명의 면류관을 얻을 것임이니라."(약1:12).

✱ 생각해볼 문제: 기독교를 박해한 로마의 대표적 열 황제

주후 100년에서 313년 사이는 교회의 순교시대이다. 이 시기에 로마의 열 차례 박해가 있었다.

(1) 네로(Nero, 64-68): 베드로와 바울 순교
(2) 도미티안(Domitian, 81-96): 수천의 기독교인 살해, 요한 밧모 섬에 유배.
(3) 트라얀(Trajan, 98-117): 이그나티우스 화형
(4) 피우스(Pius, 137-161): 폴리갑 화형
(5) 마르쿠스 아우렐리우스(Marcus Aurelius, 161-180): 저스틴 마터 참수
(6) 세베루스(Severus, 193-211): 오리겐 아버지 살해
(7) 트라키안(Tracian, 235-238): 모든 기독교 지도자 처형 명령
(8) 데키우스(Decius, 249-251): 기독교를 근절키로 작정
(9) 발레리안(Valerian, 253-260): 카르타고 감독 키프리안 살해
(10) 디오클레티안(Diocletian, 284-305): 최후의 가장 혹독한 박해자. 10년 동안 동굴을 뒤져 기독교인을 처형(고문, 화형, 야수먹이 등). 그러나 황제의 부인은 그리스도를 영접함.

이 시기에 신앙의 수호자들이 불같이 일었다. 그중에 대표적인 인물은 다음과 같다.

(1) 저스틴 마터(Justin Martyr, 100-167): 기독교 초기 옹호자, 로마에서 순교
(2) 이레니우스(Irenaeus, 130-200): 폴리갑의 문하생

(3) 터툴리안(Tertullian, 160-220): 카르타고 감독

(4) 유세비우스(Eusebius, 264-340): 교회사의 아버지

3. 버가모 교회에 보낸 편지

• 버가모 교회의 사자에게 편지하기를 좌우에 날선 검을 가진 이 가 가라사대

버가모(Pergamum)는 고대 아시아의 수도로 20만 권이 넘는 도서관을 가졌고, 양피지가 최초로 사용된 곳이다. 버가모는 핍박뿐 아니라 종교적 혼합주의, 영지주의 등 여러 이단으로 갈등이 있었다. 그리스도를 좌우에 날선 검을 가지신 이로 묘사한 것은 교회 안에 들어온 이단을 물리치시는 데 주님이 직접 개입해야 하기 때문으로 보인다. 좌우에 날선 검을 가진 하나님은 죄의 행위를 용납하지 않으신다.

버가모 교회에 대한 칭찬
• 네가 어디 사는 것을 내가 아노니 거기는 사탄의 위가 있는 데라 네가 내 이름을 굳게 잡아서 내 충성된 증인 안디바(Antipas)가 너희 가운데(사단이 거하는 곳)서 죽임을 당할 때도 나를 믿는 믿음을 저버리지 아니하였노라

버가모는 황제를 신처럼 모시고, 주피터, 병을 치료한다는 뱀 신 아스클레퍼어스, 발람, 니골라당 등 우상숭배와 죄악의 중심지였다. '사단의 위'가 있다는 것은 그만큼 종교적으로 문제가 컸다는 것을 보여준다. 그런 가운데서 충성된 그리스도인 안디바가 놋 물속에서 순교를 당했다.

버가모 교회에 대한 책망
- 두어 가지 책망할 것이 있으니 네게 발람의 교훈을 지키는 자들이 있도다. 발람이 발락(모압 왕)을 가르쳐 이스라엘 앞에 올무를 놓아 우상의 제물을 먹게 하였고 또 행음하게 하였느니라. 이와 같이 네게도 니골라당의 교훈을 지키는 자들이 있도다.

발람은 미디안 여자들을 이용하여 이스라엘을 타락하게 만든 선지자였다(민25:1,2). 이것이 바로 발람의 계교(민31:16)다. 여기서는 믿는 자로 하여금 세상과 타협하여 죄를 짓도록 속이는 거짓 선생을 가리킨다. 이교도가 숭배하는 성적 죄악을 그대로 따르도록 했기 때문이다. 니골라당의 교훈을 따르면 방종하게 된다. 니골라당은 "우리 마음대로 하자"는 생각을 갖고 있었다. 하나님 앞에 그만큼 교만한 것이다.

버가모 교회에 대한 권고
- 그러므로 회개하라 그렇지 않으면 내가 네게 속히 임하여 내 입의 검으로 그들과 싸우리라.
- 귀 있는 자는 성령이 교회들에게 하시는 말씀을 들을지어다. 이기는 그에게는 내가 감추었던 만나를 주고 또 흰 돌을 줄 터인데 그 돌 위에 새 이름을 기록한 것이 있나니 받는 자밖에는 그 이름을 알 사람이 없느니라(시78:24;사62:2).

이기는 그란 죄 많은 쾌락의 유혹을 이기는 것을 말한다.
감추었던 만나는 하나님의 감춰진 은혜, 생명나무의 열매(계22:2), 하나님으로부터 내려온 신비한 것, 예수님 등 여러 해석이 있다. 이기는 자에게는 은혜를 받고 예수를 더 알게 하신다.

흰 돌은 회개와 믿음으로 이기는 자에게 승리의 포상으로 주어지는 생명의 돌이다. 당시 어떤 종류의 돌은 여러 목적에 따라 상징적인 의미를 가지고 있었다. 메시아적 맥락을 가진 이 본문에서 흰 돌은 무죄를 상징하는 것으로 허락, 곧 구속의 의미를 가진다. 그 돌 위에 이름이 기록된 자는 천국의 혼인잔치에 들어올 수 있도록 허락을 얻은 자로서 하늘에 있는 신비로운 기쁨을 맛보게 된다. 은혜를 부어주신다.

4. 두아디라 교회에 보내는 편지

• 두아디라 교회의 사자에게 편지하기를 그 눈이 불꽃같고 그 발이 빛난 주석 같은 하나님의 아들이 가라사대

두아디라(Thyatira)는 버가모로 들어가는 관문으로 상업의 요충지였다. 유럽의 최초 개종자였던 자주장사 루디아의 고향이다. 두아디라 교회는 우상숭배를 조장한 여 선지자를 용납해 책망을 받았다.

그 눈이 불꽃같고 그 발이 주석 같은 하나님의 아들은 두아디라 교회가 거짓선생들, 특히 이세벨을 묵인한 것에 대해 하나님의 증오가 있음을 나타낸다.

두아디라 교회에 대한 칭찬
• 내가 네 사업과 사랑, 믿음, 섬김, 인내를 아노니 네 나중행위가 처음 것보다 많도다

'네 사업과 사랑과 믿음과 섬김과 인내를 아노니.' 하나님이 인정하시는 것이 많다. 인정받은 것으로 볼 때 처음 것보다 나중 것이

더 많다. 얼마나 좋은가. 처음 사랑을 버린 에베소 교회와는 반대된다.

두아디라 교회에 대한 책망
- 그러나 네게 책망할 일이 있으니 자칭 선지자라 하는 여자 이세벨을 네가 용납함이니 그가 내 종들을 가르쳐 꾀어 행음하게 하고 우상의 제물을 먹게 하는도다.
- 내가 그에게 회개할 기회를 주었으되 그 음행을 회개하고자 아니하는도다.
- 내가 그를 침상에 던질 터이요 또 그와 더불어 간음하는 자들도 만일 그의 행위를 회개치 아니하면 큰 환난 가운데 던지고 사망으로 그의 자녀를 죽이리니 모든 교회가 나는 사람의 뜻과 마음을 살피는 자인 줄 알리라 내가 너희 각 사람의 행위대로 갚아주리라.

'그러나 네게 책망할 일이 있으니'라는 말씀은 그럼에도 불구하고 '이런 점은 고쳐야 한다(but I have this against you……)'는 것이다. 좋은 점을 말씀하신 다음에 책망하실 것을 언급하신다. 배려 있는 책망임을 알 수 있다. 이것은 우리 스스로 주의를 경계하지 않으면 안 된다는 것을 가르쳐 준다. 현재에 자만하지 아니하고 지킬 것은 확실히 지킨다(Don't drop your guard). 우리를 넘어뜨릴 상대를 너무 낮게 취급해서는 안 된다.

이세벨은 구약의 경우 이방신을 가져와 하나님 섬김을 근절시키려 한 아합 왕의 부인 이름이기도 하다. 요한계시록에서는 두아디라 교회의 신앙을 변질시킨 자로 지목되고 있다. 이세벨은 아데미를 숭배하던 유력한 여자 지도자로서 나쁜 행위를 교회에 소개했다. 그것은 바로 우상을 섬기는 이방의 행위(pagan practice)를 가리킨다. 세상과 타협하게 하여 하나님에 대한 충성심을 약화시킨 것이다. 하나님은 용납해서는 안 될 것을 용납한 교회의 잘못을 지적하신다. 이때 용납이나 관용(tolerance)은 편안치 못한 것을 편안하게 받아들이는 것을 말한다.

회개할 기회를 주었지만 회개하지 않았다. 그런데도 불구하고 교회는 모든 것이 잘되고 있다고 생각한다. 그 평안을 교회는 하나님의 축복이라고 생각해서는 안 된다. 하나님이 참고 있을 뿐이다.

두아디라 교회를 향한 당부
- 두아디라에 남아 있어 이 교훈을 받지 아니하고 사단의 깊은 것을 알지 못하는 너희에게 말하노니 다른 짐으로 너희에게 지울 것이 없도다. 다만 너희에게 있는 것을 내가 올 때까지 굳게 잡으라.
- 이기는 자와 끝까지 내 일(my works)을 지키는 그에게 만국을 다스리는 권세를 주리니 그가 철장(iron rod)을 가지고 저희를 다스려 질그릇 깨뜨리는 것과 같이 하니라. 나도 내 아버지께 받은 것이 그러하니라(시2:8,9). 내가 또 그에게 새벽별을 주리라. 귀 있는 자는 성령이 교회에게 하시는 말씀을 들으라.

사단의 깊은 것은 이세벨의 유혹이다. 후기 영지주의자들은 사단을 깨뜨리기 위해서는 사단의 깊은 것을 경험해봐야 한다고 주장했다. 특히 니골라당은 사단을 알기 위해서는 우상숭배와 귀신숭배 같은 것이 필요하다고 역설했다.

이 유혹에서 자유하려면 믿음과 행위에 대해 균형을 이루어야 한다. 믿음과 행위에 불균형을 이루면 넘어질 수밖에 없다.

예수님 자신이 새벽별(22:16), 메시아를 별로 불렀다(민24:17).

✽ 생각해볼 문제: 믿음과 행위의 균형과 불균형

불균형상태는 다음과 같은 상태를 말한다.

첫째, 관용이 없는 진리(율법주의)다. 공원묘지와 같다. 겉은 공원처럼 보이지만 실은 묘지다. 속게 한다. 신앙생활을 해도 재미가 없다. 질식해 죽을 것만 같다.

둘째, 진리가 없는 관용(자유주의)이다. 이래도 좋고, 저래도 좋다. 신중함이 결여되어 있다.

균형상태는 진리와 관용이 함께 간다. 이 두 가지가 균형을 이루기 위한 방법은 다음과 같다.

첫째, 이것이 성경에서 볼 때 큰 문제인가 작은 문제인가 따져본다. 큰 문제라면 통일을 기해야 하고, 작은 문제라면 다양성을 인정한다. 모든 문제에 대해 사랑의 눈으로 본다.

둘째, 문제에 대해 성경적 확신이 있는가? 성경적으로 보아 의문이 생긴다면 옳지 않은 것으로 간주한다.

셋째, 우리의 결정이나 관여가 미숙한 성도들에게 충격을 줄 것으로 생각하는가? 우리의 결정이나 행동이 다른 사람들에게 책임이 있음을 인식해야 한다. 성도들에게 거칠 것을 두어서는 안 된다. 그들이 넘어지기 때문이다.

넷째, 이것이 주님을 향한 나의 사랑을 반영하고 있는가? 나는 누구에게 속해 있는가를 기억해야 한다. 그 다음 행동이나 태도가 주님을 향한 나의 사랑을 보여주고 있는지 아닌지 생각한다.

끝으로, 나의 영적인 롤 모델이 어떻게 할 것인지 생각한다. 성숙한 성도들과 시간을 보낸다.

제4장 요한계시록 3장:
사데 등 3교회에 보내는 편지

1. 사데 교회에 보낸 편지: 죽은 교회

• 사데 교회의 사자에게 편지하기를 하나님의 일곱 영과 7별을 가진 이가 가라사대

사데(Sardis) 교회는 살았다고는 하나 죽은 교회로 책망받은 교회다. 사데는 루디아 지방의 수도로 사데 교회 역시 소아시아의 대표급 교회였다. 하지만 일곱 영과 일곱 별을 가지신 예수 그리스도의 눈에는 몇 명의 교인들을 빼놓고 나머지 교인들은 이미 교회로서의 생명력을 잃은 집단으로 보였다. 일곱 영은 어린양의 일곱 눈(5:6), 그리스도의 영＝하나님의 영＝성령의 완전한 능력을 말하는 듯하다. 그리스도는 영으로 교회 안에서 재림 시까지 일하신다.

사데 교회에 대한 책망
• 내가 네 행위를 아노니 네가 살았다 하는 이름은 가졌으나 죽은 자로다
• 네 행위의 온전한 것을 찾지 못하였노니

살았다 하는 이름, 곧 명성(reputation)은 가졌지만 실제(reality)는 죽은 자라는 것이다. 명성과 실제의 차이(gap)다. 이런 차이가 있는데도 불구하고 사데 교회는 모르고 있다. 우리에게도 이런 갭이 존재하지 않는가? 그러므로 우리는 주님께 이렇게 기도해야 한다. “주

님 나의 삶에서 어떤 갭이 있는지 알도록 도와주시옵소서.”

'네 행위의 온전한 것을 찾지 못하였노니'는 말하는 것(what you say)과 행동하는 것(what you do)에도 차이가 있다는 것을 보여준다.

사데 교회에 대한 당부
• 너는 일깨워 그 남은 바 죽게 된 것을 굳게 하라
• 만일 일깨지 아니하면 도적같이 이르리니 어느 시에 네게 임할는지 네가 알지 못하리라.

'너는 일깨워 그 남은 바 죽게 된 것을 굳게 하라.' 주님은 이러한 갭들을 청산하기 위해 어떤 조치를 해야 하는가를 4가지로 제시하고 있다. 이것은 우리의 삶을 재생시키기(revitalize) 위한 방법이기도 하다.

- 깨어라(wake up!). 일깨지 않으면 안 된다.
- 남은 바(현재 죽음 직전 상태에 있는 것)를 굳게 하라(strengthen what remains)
- 네가 어떻게 받았으며 어떻게 들었는지 생각하라(remember what you have heard). 들었던 하나님의 말씀을 상기해 보라.
- 지키어 회개하라(obey and repent): 순종할 것, 그리고 회개할 것이다. 회개는 돌아서서 새로운 방향을 향해 나가는 것이다.

'만일 일깨지 아니하면 도적같이 이르리니 어느 시에 네게 임할는지 네가 알지 못하리라'는 말씀은 만일 이렇게 지시한 것을 행하지 아니하면 도적같이 임하여 심판하실 것을 말씀하신다.

옷을 더럽히지 않은 몇 명(이기는 자)에 대한 말씀

- 그러나 사데에 그 옷을 더럽히지 아니한 자 몇 명이 네게 있어 흰옷을 입고 나와 함께 다니리니 그들은 합당한 연고니라
- 이기는 자는 이와 같이 흰옷을 입을 것이요
- 내가 그 이름을 생명책에서 반드시 흐리지 아니하고 그 이름을 내 아버지 앞과 천사들 앞에서 시인하리라. 귀 있는 자는 성령이 교회들에게 하시는 말씀을 들을지어다.

교회는 지적한 사항을 모두 극복하도록(overcome) 노력하고 기도해야 한다. '그 옷을 더럽히지 아니한 자 몇 명이 있다'는 것은 이 문제를 극복한, 신앙적으로 건강한 사람들이 있었다는 것이다. 하나님은 어느 시대든 남은 자를 숨겨두신다. 사데가 원래 '남은 자'라는 뜻을 가지고 있다.

그들은 흰옷을 입고 주님과 함께 다닌다. 그들은 주님께 합당한 사람들이기 때문이다. 흰옷을 입는다는 것은 영광된 몸으로 변한다는 것을 말한다. 예수님께서 변화하실 때 옷이 희어졌다(막9:3).

'이기는 자는 이와 같이 흰옷을 입을 것이요.' 흰옷은 하늘 시민이 입는 옷(3:18), 24장로의 옷(4:4), 순교자들의 옷(6:11), 구원받은 무리의 옷(7:9)이다. 옷은 어린양의 피로 희게 되었다(7:14). 주님은 흰말을 타고 오신다(19;11). 예수님의 머리는 환상에서 눈과 같이 희어(1:14). 흰옷을 입은 그의 군대도 흰말을 타고 올 것이다(18:14).

'내가 그 이름을 생명책에서 반드시 흐리지 아니하고 그 이름을 내 아버지 앞과 천사들 앞에서 시인하리라.' 생명책에서 그들의 이름을 결코 빼내지 아니한다. 하나님과 천사들 앞에서 그를 인정한다. 짐승의 추종자들은 생명책에 그 이름이 없다(13:8;17:8). 생명책에 이름이 없는 사람은 불 못에 던지운다(20:12,15). 하늘은 생명책에 기록된 사람만이 살 수 있다(21:27). 구약에 기록된 곳이다(단12:1;말3:16).

✱ 생각해볼 문제: 생명책

이스라엘 백성들은 족보가 있듯 생명책(Book of Life, Biblos Zoes)이 있다고 보았다. 히브리어로는 '세페르 하임'으로 '생명이 있는 자들의 책'이다. 그들에 따르면 족보는 죽은 자들의 책이라면 생명책은 살아 있는 자들의 책이다. 이 책에는 살아 있는 자들 가운데서 하나님의 백성이 되기를 원해(시87:6) 하나님의 특별한 사랑을 받는 자들(시139:16)의 이름이 기록되어 있다. 그러나 이들이 죄를 지으면 이 책에서 제명되는 것은 물론 불시에 죽음을 맞게 된다고 보았다(출32:32-33).

구약에도 생명책의 미래적 의미가 담겨 있다(사4:3;겔13:9;단12:1). 그러나 미래적 의미는 신약에서 두드러진다. 예수님은 제자들에게 이름이 '하늘에 기록된 것'을 기뻐하라 하셨다(눅10:20). 바울도 자신의 동역자들 이름이 생명책에 기록되어 있다고 했다. 히브리서에는 모든 시대의 모든 성도들의 이름이 기록되어 있다고 했다(히12:23).

계시록에서는 특히 핍박 속에서도 부활의 주님을 배반하지 아니하고 목숨을 바친 자들은(계3:5) 우상숭배자들과는 달리 생명책에 그 이름이 기록되었다고 말한다. 나아가 생명책에 이름이 기록된 성도들은 영원한 복을 유업으로 받는다(계21:27).

2. 빌라델비아 교회에 보낸 편지:
하나님의 말씀을 지킨 작은 교회

• 빌라델비아 교회의 사자에게 편지하기를 거룩하고 진실하사 다윗의 열쇠를 가지신 이, 열면 닫을 사람이 없고 닫으면 열 사람이 없는 이가 가라사대

빌라델비아(Philadelphia)는 '형제사랑'이라는 뜻을 가지고 있는 도시다. 주전2세기경 자기 형에 대한 사랑의 표시로 버가모 왕조 아타루스(Attalus) 2세가 건립한 곳이다. 포도주의 신 다오니소스를 주신으로 섬기던 도시에 이 교회가 세워졌다. 빌라델비아 교회는 불신과 부패의 사회에서도 하나님의 말씀을 사랑하고 그것을 지키려 한 거룩하고 진실한 교회로, 한 마디 책망도 듣지 않은 모범된 교회다.

그리스도를 다윗의 열쇠를 가지신 이로 묘사한 것은 자칭 유대인이라 하나 그렇지 않은 자들의 거짓됨을 드러내시기 위함이다.

- 내가 네 앞에 열린 문을 두었으되 능히 닫을 사람이 없으리라.

이 교회는 핍박 가운데서도 인내하고 전도에 열심을 다해 영생의 면류관과 큰 상급이 약속된 교회이다. '네 앞에 열린 문을 두었으되'가 그것을 입증한다. 열린 문은 천국 문, 복음을 전하는 기회의 문, 선교의 문, 기도의 문 등 다양하게 해석한다. 예수님은 자신을 가리켜 "나는 문이다" 하셨다. 우리는 그 문을 통과해야 하고, 그 문을 선전해야 한다. 그 문은 광대하고 공효(功效)를 이루는 문(고전16:8-19)이다.

빌라델비아 교회에 대한 칭찬
- 내가 네 행위를 아노니 네가 적은 능력을 가지고도 내 말을 지키며 내 이름을 배반치 아니하였도다.
- 네가 나의 인내의 말씀을 지켰은즉: 인내하며 말씀을 수호했다.

적은 능력으로도 하나님의 말씀을 지켰다. 비록 작고 재정능력이 약한 교회지만 세상권세에 속하지 않은 하나님을 의지하며 실망하지 않고 믿음을 지켰다. 유대주의자들로부터 심한 공격을 받았으나 인내의 신앙으로 극복했다.

하나님의 약속

- 사단의 회(synagogue), 곧 자칭 유대인이라 하나 그렇지 않고 거짓말하는 자들 중에서 몇을 네게 주어 저희로 와서 네 발 앞에 절하게 하고 내가 너를 사랑하는 줄 알게 하리라.
- 내가 또한 너를 지키어 시험의 때를 면하게 하리니 장차 온 세상에 임하여 땅에 거하는 자들을 시험할 때라.

하나님은 두 가지 약속을 하셨다. 첫째는 사단에 속한 사람들이 네 앞에 무릎을 꿇게 하겠다는 것이다. 이는 다가올 심판을 예언하신 것이다. 유대인들이 빌라델비아 교인들에게 절한다는 것은 그들이 영적 이방인이라는 것을 보여준다. 둘째, 시험의 때로부터 지켜주겠다는 약속이시다. 같은 신실한 교회인 서머나 교회에 대해서는 핍박을 받을 것을 예고하셨다.

예수님의 당부

- 굳게 잡으라 내가 속히 임하리니 네가 가진 것을 굳게 잡아 아무나 네 면류관을 빼앗지 못하게 하라
- 이기라 이기는 자는 내 하나님 성전에 기둥이 되게 하리니 그가 결코 나가지 아니하리라(never shall he go out of it). 내가 하나님의 이름과 하나님의 성, 곧 하늘에서 내 하나님으로부터 내려오는 새 예루살렘의 이름과 나의 새 이름을 그이 위에 기록하리라

'네가 가진 것을 굳게 잡으라'는 것은 그들이 하고 있었던 세 가지 선한 일(말씀수호, 충성, 인내) 곧 과거와 연관된다. 지금까지 지켜온 과거의 좋은 일을 계속해야 한다는 것이다. 이런 전통이 이어지는 것은 긍정적인 것이다. 네가 가진 좋은 믿음의 전통을 굳게 이어 주님이 인정하신 면류관을 남에게 빼앗기지 않도록 하라.

이기는 자는 하나님 성전의 기둥이 되어 영원히 그곳을 지키며, 그 이름을 생명록에 기록해 영원히 천국시민으로 삼겠다는 것이다. 명실 공히 예수님의 소유가 되는 것이다. 새 이름은 주님이 주시는 새 이름, 곧 천국시민권의 획득이다. 짐승을 따르던 사람들은 그 주인의 표를 단다(계13:16-17). 우리는 각자 주님에 속해 있든지 짐승에게 속해 있음을 알 수 있다. 성도는 하늘에 그 이름이 기록된 것을 기뻐하라.

이기라는 것은 현재와 미래와 연관된다. 이긴다는 것은 헬라어로 정복을 의미하는 "니카오"다. 이것은 그리스에서 흔히 사용하던 전쟁용어이다. 그리스 부모들은 아이에게 승리자가 되라는 의미로 흔히 "니콜라스"라는 이름을 붙였다. 운동화 나이키도 이 말에서 나왔다. 나이키를 신는 사람이 경기에서 이길 것이라는 메시지를 암암리에 전하려는 것이다.

신약적인 의미에서 니카오는 경기에서 이기는 것이 아니다. 영적인 전투에서 승리하는 것이다. 이 영적 전투에서 승리하라는 말을 빌라델비아 교회뿐 아니라 소아시아 일곱 교회 모두에게 부탁하셨다. 한국교회도 과거의 좋은 전통을 가치 있게 유지해야 하며 현재와 미래 모두 영적인 전투에서 승리함으로써 오직 하나님의 교회로서 존속되어야 한다.

- 에베소 교회: 이기는 그에게는 내가 하나님의 낙원에 있는 생명

나무의 과실을 주어 먹게 하리라(계2:7).
- 서머나 교회: 이기는 자는 둘째 사망의 해를 받지 아니하리라(계 2:11).
- 버가모 교회: 이기는 그에게는 내가 감추었던 만나를 주고(계 2:17).
- 두아디라 교회: 이기는 자와 끝까지 내 일을 지키는 그에게 만국을 다스리는 권세를 주리니(계2:26).
- 사데 교회: 이기는 자는 이와 같이 흰옷을 입을 것이요 내가 그 이름을 생명책에서 반드시 흐리지 아니하고(계3:5).
- 빌라델비아 교회: 이기는 자는 내 하나님 성전에 기둥이 되게 하리니(계3:12).
- 라오디게아 교회: 이기는 그에게는 내가 내 보좌에 함께 앉게 하여 주기를(계3:21).

3. 라오디게아에 보낸 편지: 미지근한 교회

• 라오디게아 교회의 사자에게 편지하기를 아멘이시요 충성되고 참된 증인이시오 하나님의 창조의 근본이신 이가 가라사대

라오디게아(Laodicea)는 안디오커스 부인 이름에서 따온 것이다. 라오디게아는 상업적 이유로 조성된 도시이다. 그곳에는 은행, 검은 양, 그리고 의과대 등 3가지가 유명했다. 은행은 물질적 부요를 상징하고, 검은 양은 검은 양털 패션을 창출해냈으며, 의과대는 특히 안약을 생산하여 병을 고치는 것으로 유명하다. 그러나 라오디게아 교회는 신실하지 못했다. "내 행위를 아노니" 주님은 이 교회의 영적인 상태를 잘 아셨다.

'아멘이시요 충성되고 참된 증인이시요 하나님의 창조의 근본이신 이'는 하나님이 어떤 분인가를 가르쳐 주고 있다.

아멘은 '그렇게 될지어다(so be it)'는 뜻을 가지고 있다. 하나님의 '예스(God's yes)'. 주님은 낮이던 밤이던 우리 모두에게 아멘이 되신다. 진정 주님이 '나에게 아멘이시다'라는 확신이 있는가? 아멘은 진실, 사랑, 영원의 뜻을 담고 있다. 이사야서에서는 아멘의 하나님이라 하였고, 예수님도 진실성을 강조하실 때 "진실로 진실로 내게 이르노니"라는 말씀을 자주 사용하셨다.

충성되고 참된 증인은 하나님은 우리의 신뢰(trust)를 받으시기에 충분하신 분이심을 말해준다. 하나님의 창조의 근본은 하나님이 창조의 원천이시며 통치자이심을 말해준다. 따라서 그분은 우리의 예배를 받으시기에 충분하다.

라오디게아 교회를 향한 책망

- 내가 네 행위를 아노니 네가 차지도 아니하고 더웁지도 아니하도다. 네가 차든지 더웁든지 하기를 원하노라. 네가 이같이 미지근하여 더웁지도 아니하고 차지도 아니하니 내 입에서 너를 토하여 내치리라
- 나는 부자라 부요하여 부족한 것이 없다 하나 네 곤고한 것과 가련한 것과 가난한 것과 눈 먼 것과 벌거벗은 것을 알지 못하도다.

이 교회를 향한 하나님의 분노를 읽을 수 있다. 라오디게아는 강이 있으나 곧 말라버려 이웃 도시에서 물을 끌어와 사용한다. 특히 근처 골로세(Colosse)에서는 아주 차고 시원한 냉천수(fresh water)가 나오는데 이 물을 관으로 라오디게아로 옮겨와 식수로 사용해 왔다.

그리고 히에라폴리스(Hierapolis)로부터는 뜨거운 온천수를 끌어들여 병을 치료하는 데 사용했다. 이 두 물이 섞이면 미지근한 물로 변해 마시기도 어렵고, 치유에도 적합하지 않게 된다.

'더웁지도 아니하고, 차지도 아니하고'라는 말씀은 골로새의 찬물처럼 먹을 수 있는 생수의 역할을 하든지 뜨거운 물이 되어 병을 치료할 수 있는 교회가 되든지 하라는 말씀이다. 이것도 저것도 아닌 미지근한 물은 마실 수도 없고 치유할 수 없기 때문이다. 주님은 라오디게아 교인들의 신앙이 이 물처럼 미지근한 것으로 변해가고 있음을 안타까워하신다.

우리의 영적 온도(spiritual temperature)에 대해 언급하고 있다. 찬(cold) 온도인 사람은 적어도 자신이 영적으로 차다는 것을 안다. 더운(hot) 온도의 사람은 완전하지는 않지만 주님을 향한 열정(passion)과 깊은 사랑(deep love)을 가지고 있다. 그러나 미지근한(lukewarm) 온도의 사람은 자신의 신앙이 더운지 찬지도 알지 못하면서 괜찮은 줄 안다. 착각하고 있는 것이다. 미지근한 신앙은 다음과 같은 특성을 가지고 있다.

첫째, 식었다(cooled off). 빨리 뜨거워지고 빨리 식는 신앙을 가리켜 마이크로웨이브 크리스천(Microwave Christian)이라 한다. 마이크로웨이브에서 나온 음식의 경우 금방은 뜨겁지만 이내 식어버린다.

둘째, 현실과 곧 타협하고(compromised) 만다. 주변과 타협하며 지낸다. 방의 온도와 같게 된다. 이런 교인을 가리켜 방안 온도 크리스천(room-temperature Christian)이라 부른다.

셋째, 될 대로 되라(I don't care)는 사고를 가지고 있다. 이리 저리 돌아다니면서 아무 일도 하지 않는다. 이런들 어떠하며 저런들 어떠하리라는 생각을 가지고 있다.

미지근한 신앙온도를 가진 사람은 이제부터라도 자신의 플러그를 예수께 꼽고(plug into Jesus), 주님으로부터 생명력 있는 삶(power life)을 얻어야 한다.

라오디게아는 지진으로 도시가 폐허가 되었을 때 로마정부가 제의한 피해복구 자금을 거절할 정도로 부요했다. 자기들의 힘으로 다시 건설하겠다는 자부심 때문이다.

라오디게아 교인들은 물질적으로 풍족하여 자신들은 부족한 것이 없다 할 정도로 자족하였다. 이 물질적 자주성(self-sufficiency) 때문에 책망을 받았다. 물질적으로 부요해지면 그 부함 때문에 영적인 눈이 가리게 된다. 신앙적으로 아주 갈급해야 할 자신들의 영적인 상태(desperate need)를 파악하지 못하고 있는 것이다.

우리에게 부여되는 규칙(rules)이 많아지면 그 규칙에 집착한 나머지 영적인 눈이 가리게 된다. 우리가 지식(knowledge)을 추구하면 그것을 얻고자 하고, 알고자 하고, 자극을 받고자 하여 영적인 눈이 가리게 된다. 우리가 성취(achievement)하고자 하는 것이 있으면 그것을 얻고자 하는 욕심 때문에 우리의 영적인 눈이 가리게 된다. 이런 모든 것은 다 끝이 있게 된다. 그것으로 충분한 것은 결코 아니다.

'네 곤고한 것과 가련한 것과 가난한 것과 눈 먼 것과 벌거벗은 것을 알지 못하도다.' 물질은 부한지 모르지만 영적으로는 문제가 많음을 보여준다. 우리 스스로 충분하다고 생각하면 할수록 우리 자신을 더 모르는 자로 변하게 된다. 라오디게아 교인들은 부족한 것이 없다고 생각했지만 영적으로는 곤고하고(wretched), 가련하며(pitiful), 가난하고(poor), 눈멀고(blind), 벌거벗은(naked) 자로 변했다.

열심은 없고 말만 많은 교회, 주님을 향해 뜨거운 사랑이 없는 교회, 황금만능교회, 그러면서도 예수님은 없는 교회, 영적으로 무관심한 교회, 그러면서도 자기만족에 빠진 교회, 이런 교회는 구토의 대상이다.

라오디게아 교회를 향한 주님의 권면

- 내가 너를 권하노니 내게서 불로 연단한 금을 사서 부요하게 하고, 흰옷을 사서 입어 벌거벗은 수치를 보이지 않게 하고, 안약을 사서 눈에 발라 보게 하라
- 내가 사랑하는 자를 책망하여 징계하노니 그러므로 네가 열심을 내라 회개하라.
- 볼지어다 내가 문 밖에 서서 두드리노니 누구든지 내 음성을 듣고 문을 열면 내가 그에게로 들어가 그로 더불어 먹고 그는 나로 더불어 먹으리라 이기는 그에게는 내가 보좌에 함께 앉게 하여 주기를 내가 이기고 아버지 보좌에 함께 앉은 것과 같이 하리라 귀 있는 자는 성령이 교회들에게 하시는 말씀을 들을지어다.

주님은 '너를 권하노니'라고 말씀하신다. 권한다는 것은 cousel, ask, pledge의 의미를 가지고 있다. 우리는 주님의 권고에 주목해야 한다. 우리의 삶에 있어서 가장 필요한 것을 채우기 위해서는 주님을 만나야 한다.

'수고하고 무거운 짐 진 자들아 다 내게로 오라 내가 너희를 쉬게 하리라'(마11:28)

'누구든지 목마르거든 내게로 와서 마시라'(요7:37)

'내가 곧 생명의 떡이니 내게 오는 자는 결코 주리지 아니할 터이요 나를 믿는 자는 영원히 목마르지 아니하리라'(요6:35)

불로 연단한 금을 사라. 라오디게아는 뱅킹 센터가 있는 곳이었다. 그래서 금의 중요성을 잘 알고 있었다. 여기서 금은 믿음(faith)을 상징한다. 불로 연단한 금은 조금도 다른 것이 섞이지 않는 순수한 신앙을 말한다. 정금같이 연단된 믿음을 소유하라는 것이다.

흰옷을 사서 입어 벌거벗은 수치를 보이지 않게 하라. 라오디게아

는 검은 양이 많았다. 그들은 이 양털을 고급 옷으로 만들어 입었다. 주님의 흰옷은 이 검은 옷과 대조를 이룬다. 흰 옷은 정의와 순결의 상징이다. 그들이 검은 고급 옷으로 자신을 가리었을지 모르지만 영적으로 벌거벗었다. 그러므로 주님이 주신 흰옷을 입어 영적으로 달라져야 한다는 것이다.

라오디게아는 패션 센터였다. 패션은 여러 색의 조화로 만들어진다. 그러나 믿음의 색은 하나이어야 한다. 그 하나가 바로 흰옷이다. 흰옷은 바로 순수함(purity)을 의미한다. 우리는 하나님의 은혜와 용서로 인해 흰옷을 입게 되었다.

안약을 사서 눈에 발라 보게 하라. 라오디게아에는 유명한 의과대학이 있었고, 특히 안약을 통해 병을 고쳤다. 이런 지역사정을 아신 주님은 이곳에서 생산하는 안약을 사서 고치는 것도 중요하지만 '나의 안약'을 발라 영적인 눈을 뜨라고 말씀하신다.

라오디게아에는 안약생산 공장이 있었다. 그 효과를 잘 알고 있었기에 주님은 안약을 사서 보도록 한다. 안약을 사서 보라는 것은 지혜(wisdom)를 가지라는 명령이다. 이 지혜는 나의 눈을 통해 보는 것이 아니라 예수님의 눈으로 보는 것이다. 즉 새로운 방법으로, 새로운 시각으로 보라는 것이다.

'내가 사랑하는 자를 책망하여 징계하노니 그러므로 네가 열심을 내라 회개하라.' 주님은 처벌(punishment)하기 위해 이 말씀을 하시는 것이 아니라 훈련을 시키기(discipline) 위해 이 말씀을 하신다. 처벌은 우리를 숨게 만들지만 훈련은 우리에게 방향을 제시하고 고치게 한다. 우리는 깊이 사랑을 받는 자녀로 주님께 응답해야 한다.

'내가 문밖에 서서 두드리노니.' 우리 마음에, 교회에 들어오려 애쓰시는 하나님을 보게 된다. 많은 교회가 그리스도 이름으로 운영되지만 성직자들의 이익과 영광이 주로 나타내어지고 그리스도는 별로 나타내지 않는다. 문밖에 내쳐진 예수님과 교회를 향해 문을 두드리시는 예수님. 현대의 많은 교회는 교회의 주인 되시는 주님을 몰아내었다. 그럴수록 주님은 우리 안에 들어오시기 원하신다.

주님은 계속 문을 두드리고 계신다. 그러나 이 두드림은 마지막 때의 두드림이다. '두드린다'는 것은 두드리는 정도가 강함을 나타낸다. 쾅쾅 두드리신다. 주님은 그만큼 우리를 사랑하시고, 시급하다는 것을 강조하고 있다. 주님을 향해 어서 문을 열자. 주님이 우리 마음을 두드리신다.

'누구든지 내 음성을 듣고 문을 열면 내가 그에게로 들어가 그로 더불어 먹고 그는 나로 더불어 먹으리라.' '문을 열면'은 하나님을 향한 우리의 분명하고도 적극적인 태도를 요구하고 있다. 우리는 이 말씀을 주로 전도하는 데 사용하지만 실은 믿음이 식은 자에 대한 말씀이다. '더불어 먹으리라'는 말씀은 식어진 믿음이 회복되어 다시 예수님과 한 식구가 된다는 뜻을 담고 있다. '더불어 먹고'는 오래오래 함께 먹으며 교제하겠다는 것이다. 주님은 우리 안에 오래 계시기를 바라신다.

'이기는 그에게는.' 각 교회에 보내는 편지마다 이 글을 달았다. 마지막 축복은 이기는 사람만이 받을 수 있다는 것을 강조한 것이다. 이 내용을 계속 반복한 것은 많은 그리스도인이 도중에서 그만두기 때문이다. '귀 있는 자는 성령이 교회들에게 하시는 말씀을 들을지어다.' 이 경고의 말씀도 마찬가지다.

제5장　요한계시록 4장: 하늘 보좌

1. 열린 하늘 문과 하늘 보좌

- 이 일 후에 내가 보니 하늘에 열린 문이 있는데 내가 들은 바 처음 내게 말하던 나팔소리 같은 음성이 나서 가로되 "오라 이 후에 마땅히 될 일을 내가 네게 보이리라."
- 내가 곧 성령에 감동하였더니(at once I was in the Spirit) 하늘에 보좌를 베풀었고 그 보좌 위에 앉으신 이가 있는데 앉으신 이의 모양이 벽옥(jasper)과 홍보석(carnelian) 같고 또 무지개가 있어 보좌에 둘렸는데 그 모양이 녹보석(emerald) 같더라.

이 후에 마땅히 될 일은 교회의 역사와 운명에 대해 계속될 주제를 가리킨다.

하늘 보좌(heavenly throne)는 하나님의 영광이 충만하고 모든 피조물로부터 영광과 경배를 받는 곳이다.

하나님은 사람의 눈으로 보기에 눈이 부신 흰색의 다이아몬드와 같다 해서 벽옥이라 했을 것이다. 홍보석은 붉고, 녹보석은 푸르다. 그늘진 부분에 적색과 녹색이 보인다.

2. 보좌 주위의 24장로, 7등불, 그리고 4생물

24장로
- 24장로와 24보좌: 하나님 보좌에 둘러 24보좌가 있고, 그 보좌들

위에 24장로들이 흰옷을 입고 머리에 금 면류관을 쓰고 앉았더라.
• 보좌로부터 번개와 음성과 뇌성이 나고

24장로(24 elders)에 대해서는 여러 설이 있다.

첫째, 24장로는 구약의 12지파와 신약의 12제자를 합한 수를 나타낸다는 주장이다. 신구약의 모든 교회, 신구약 모든 성도의 대표로 보는 것이다. 24장로들은 모두 금 면류관을 썼다. 헬라어 성경에 따르면 그들은 모두 군주의 왕관(diadems)을 쓰기보다 순교자의 왕관(stephanos)을 쓰고 있다. 따라서 그들은 천사가 아니라 인간들임이 분명하다. 다니엘은 이 보좌들이 놓이는 것을 보았다(단7:9). 당시 보좌들은 비어 있었는데, 요한은 그것들이 모두 채워져 있음을 보았다.

둘째, 하늘의 지성인들, 천사장들과 천사들을 표현하는 것이라 주장하기도 한다. 하나님을 경배하고 섬기는 천사들의 위계를 의미한다는 것이다.

셋째, 하늘에 있는 모든 신자들의 모임 가운데 대표자들을 가리킨다. 하나님의 백성, 곧 영광받을 교회를 대표하는 것으로 해석한다.

'보좌로부터 번개와 음성과 뇌성이 나고'는 하나님의 위엄과 능력을 보여준다.

7등불
• 보좌 앞에 일곱 등불 켠 것이 있으니 이는 하나님의 일곱 영이라

7은 하나님의 완전수로 성령의 완전성을 나타낸다. 하나님의 일곱 영은 완전한 일을 하시는 성령을 의미한다. 성령의 사역은 억제함, 죄를 깨닫게 함, 중생케 함, 보증함, 세례를 베품, 내주함, 충만케 함 등 7가지이다.

4생물(living creatures)

- 보좌 앞에 수정(crystal)과 같은 유리 바다(sea of glass)가 있고, 보좌 가운데와 보좌 주위에 네 생물이 있는데 앞뒤에 눈이 가득하더라.
- 그 첫째 생물은 사자 같고, 그 둘째 생물은 송아지 같고, 그 셋째 생물은 얼굴이 사람 같고, 그 넷째 생물은 날아가는 독수리 같은데 네 생물이 각각 여섯 날개가 있고, 그 안과 주위에 눈이 가득하더라.

수정과 같은 유리 바다는 에스겔 1장 22절의 수정 같은 궁창을 연상케 한다. 그러나 한편으로 이것은 하늘 성전 안에 있는 큰 연못으로 생각할 수 있다. 솔로몬이 성전을 지을 때도 성전 뜰에 놋으로 바다(놋대야, 물두멍, 청동 물탱크)를 부어 만들었다(왕상7:23). 출애굽기에 따르면 물두멍은 언제나 정결한 물로 가득 채워 있고, 아론과 그 아들들이 회막에 들어가거나 단 가까이서 화제를 드릴 때 그 두멍에서 수족을 깨끗이 씻었다. 반하우스(D. Barnhouse)는 바다가 수정의 모습을 한 것을 보고 감사한다. 우리가 지은 죄를 고백하기 위해 다시는 하나님 아버지 앞에 나가지 않아도 되기 때문이다.

4생물의 앞뒤에 눈이 가득한 것은 빈틈없이 경계를 편다는 것을 보여준다.

4생물은 하늘의 생물로 괴물인 짐승과 다르다. 4생물은 예수님이 이 땅에 계셨을 때의 4대 성품을 드러낸다. 사자는 왕권과 능력, 송아지는 충성과 순종, 사람은 지혜와 사랑, 독수리는 성결과 신령한 힘을 상징한다. 4복음서도 이것을 잘 드러내고 있다. 마태복음은 사자복음, 마가복음은 송아지 복음, 누가복음은 인자 복음, 그리고 요한복음은 독수리 복음이라 불린다.

✽ 생각해볼 문제: 하늘 보좌

하나님이 하늘 보좌에 앉으신 것은 하나님이 역사의 주관자시라는 메시지이다. 보좌 주위로 선한 피조물들이 배치되어 있다. 보좌 주위로 배치되어 있는 동심원 구조를 살펴보면 다음과 같다.

하늘 보좌의 광경

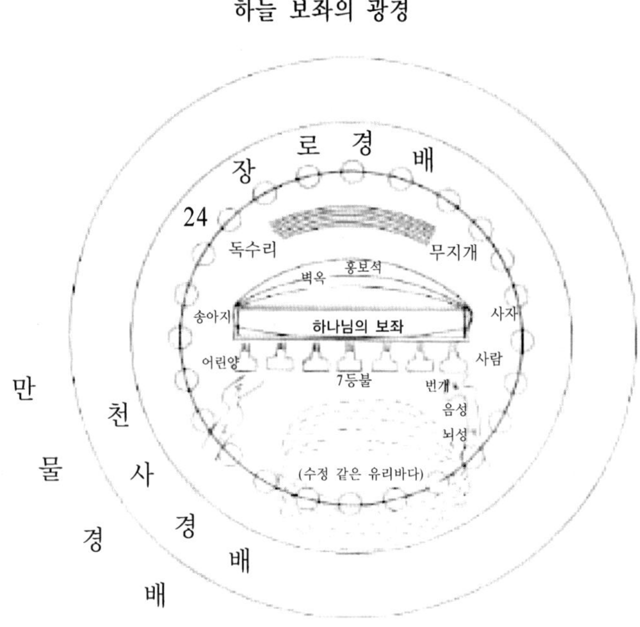

- 보좌(번개, 음성, 뇌성) – 중심
- 일곱 등불, 수정과 같은 유리바다 – 보좌 앞
- 무지개 – 보좌를 두름(원)
- 네 생물 – 제1 동심원: 4생물 경배
- 24장로 – 제2 동심원: 24장로 경배
- 많은 천사들 – 제3 동심원: 천사 경배
- 모든 만물 – 제4 동심원: 만물 경배

이 가운데서 네 생물과 24장로들, 천사들, 만물은 각각 보좌에 앉으신 하나님과 승리자 어린양에게 경배와 찬양을 드린다. 인류역사와 만물을 다스리시며 경배받으실 분은 오직 하나님 한 분이시다.

3. 4생물과 24장로의 경배와 찬양

- 네 생물이 밤낮 쉬지 않고 이르기를 "거룩하다 거룩하다 주 하나님 곧 전능하신 이여 전에도 계셨고 이제도 계시고 장차 오실 자라." 하고 그 생물들이 영광(glory)과 존귀(honor)와 감사(thanks)를 보좌에 앉으사 세세토록 사시는 이에게 돌릴 때에
- 24장로들이 보좌 앉으신 이 앞에 엎드려 세세토록 사시는 이에게 경배하고 자기의 면류관을 보좌 앞에 던지며 가로되 "우리 주 하나님이여 영광과 존귀와 능력을 받으시는 것이 합당하오니 주께서 만물을 지으신지라 만물이 주의 뜻대로 있었고(by thy will they existed) 또 지으심을 받았나이다." 하더라.

'자기 면류관을 보좌 앞에 던지며'는 장로들이 겸손히 엎드려 경배했음을 보여준다. 자기의 면류관마저 주님께 드리는 것이다. 모든 영광을 오직 하나님께 드린다. 이것은 우리가 얼마나 하나님 제일주의로 살아야 하는가를 보여준다.

예배는 천국예배의 리허설이다. 앞으로 우리가 천국에서 하나님께 반복해서 드려야 할 찬송과 영광의 모습을 이 땅에서 먼저 맛보는 것이다.

제6장   요한계시록 5장: 어린양과 24장로들의 찬양

1. 봉인된 책

- 내가 보매 보좌에 앉으신 이의 오른손에 책이 있으니 안팎으로 썼고 7인(seven seals)으로 봉하였더라.
- 보매 힘 있는 천사가 큰 음성으로 외치기를 "누가 그 책을 펴며 그 인을 떼기에 합당하냐?" 하니 하늘 위에나 땅 위에나 땅 아래에 능히 책을 펴거나 보거나 할 이가 없더라.
- 이 책을 펴거나 보거나 하기에 합당한 자가 보이지 않음으로 내가 크게 울었더니 장로 중 하나가 내게 말하되 "울지 말라 유대지파의 사자 다윗의 뿌리가 이기었으니 이 책과 그 일곱 인을 떼시리라." 하더라.

1절에 두루마리 책(scroll)이 있다. 그 책은 하나님의 구원 계획과 그 스케줄, 심판 계획을 기록하고 있다. 미래의 비밀을 간직한 것이다. 그러나 봉인(인봉)을 7차례나 해 아무나 볼 수 없게 했다. 요한은 봉인을 떼고 아무도 열어보기에 합당한 자가 없음을 보고 크게 운다. 그러나 어린양에게 인봉을 떼고 펼 자격이 있음을 알려준다. 어린양에게 구원과 심판을 집행할 자격이 주어져 있음을 확인하게 된다. 이 책을 능히 펼 자는 유대지파의 사자 다윗의 뿌리인 어린양 예수시다.

야곱은 그의 유언 가운데서 유다를 '사자새끼'라 불렀고(창49:8-10), "그가 그에게 속한 자들에게 올 때까지"라는 예언과 함께 통치권을 유다 지파가 획득하게 될 것을 예언했다(겔21:27). 유대지파의 사자는 힘을 의미한다. 어린양 예수는 오른손에 안팎으로 쓰고 봉인된 이 책을 쥐고 말세를 주관하신다.

2. 어린양

- 내가 또 보니 보좌와 4생물과 장로들 사이에 어린양이 섰는데 일찍 죽임을 당한 것 같더라.
- 7뿔과 7눈이 있으니 이 눈은 온 땅에 보내심을 받은 하나님의 7영
- 어린양이 나아와서 보좌에 앉으신 이의 오른손에서 책을 취하시니라.
- 책을 취하시매 4생물과 24장로들이 어린양 앞에 엎드려 노래
- 천천이요 만만의 천사가 어린양을 경배

여기서 어린양(the Lamb)은 일반적인 어린양을 뜻하는 헬라어 '암노스(amnos)'보다 가정에서 특별히 기르는 귀여운 의미의 '아르니온(arnion)'이다. 그러나 그 어린양은 죽임을 당했다. '죽임 당한'은 헬라어 '스파토(spatto)'로 폭력적인 죽임을 의미한다.

양은 죄에 대한 희생물이란 이미지(사53:7;요1:29)와 강력한 정복자라는 이미지(계17:14)를 동시에 가지고 있다. 승리를 위한 한 군대 지휘자로서 양의 모습이 묵시적 전승 속에서 많이 나타난다.

7뿔(7 horns)은 완전한 권세를 뜻한다. 어린양이 일곱 뿔을 가지고 있는 것은 어린양이 하나님의 보좌에서 완전한 권세와 주권, 힘과 권능을 가지고 있음을 보여준다.

7눈(7eyes)은 완벽한 지혜와 지식을 뜻한다. 어린양이 이 일곱 눈을 가지고 있다. 하나님의 보좌 앞에는 숨길 수 없고 모든 것을 다 통찰하시며 꿰뚫어보신다.

7영(7spirits)은 하나님의 영이며 그리스도의 영이며 또한 성령이다. 7영은 지혜(wisdom)의 영, 살리는(quickening) 영, 진리(truth)의 영, 성결(holiness)의 영, 양자(adoption)의 영, 영원한(eternal) 영, 은혜(grace)의 영 등 다양하게 불린다.

7뿔과 7눈은 어린양에 속해 있고 모든 것을 정복할 수 있는 힘, 모든 지식, 모든 능력을 의미한다. 그는 미래를 아시고 그것을 지배할 수 있다.

24장로, 4생물, 수많은 천사들이 찬양을 한다. 크리스웰(W. A. Criswell)도 "구원받은 자들은 항상 노래한다, 예수의 피로 씻김을 받은 하나님의 사람은 노래한다."고 말한다.

＊ 생각해볼 문제: 어린양

6절에 보면 어린양이 서 있다. 죽임을 당하신 어린양은 예수님이시다. 예수님은 십자가의 흔적을 가지고 계신 분으로 서 계신다. 크로스비는 "나의 주를 손에 못 자국을 보아 알겠네."(찬송 231장)라고 찬송했다. 우리는 주님을 위해 무슨 흔적을 가지고 있는가.

하나님의 어린양은 우리의 죄를 대신하여 지고 죽었다. 하나님은 죄 없으신 예수님을 죄로 삼으셨다. 요한계시록에 어린양에 대해 27번이나 소개되고 있다. 다음은 그 보기다.

- 어린양의 진노의 날이 다가오고 있다(6:16-17)
- 그들의 옷이 어린양의 피로 세탁되었다(7:14)
- 그들이 어린양의 피로 사단을 이겼다(12:11)
- 어린양이 생명수의 샘으로 그들을 인도(7:17)
- 어린양은 만유의 주, 만왕의 왕(17:14)
- 어린양은 성의 성전이요 등불(21:22-23)

- 어린양의 생명책에 기록된 사람만이 들어올 것(21:27)
- 어린양 보좌로부터 흘러나오는 생명수(22:1-3)
- 14만 4천이 어린양을 따랐다(14:1,4)
- 모든 나라에서 온 무리가 어린양을 경배(7:9-10)

3. 찬양의 노래

• 4생물과 24장로들이 어린양 앞에 엎드려 각각 거문고와 향이 가득한 금 대접을 가졌으니 향은 성도의 기도들이라.

새 노래를 시작하여 가로되 "책을 가지시고 그 인봉을 떼기에 합당하시도다. 일찍 죽임을 당하사 각 족속, 방언, 백성, 나라 가운데서 사람들을 피로 사서 하나님께 드리시고 저희로 우리 하나님 앞에서 나라와 제사장을 삼으셨으니 저희가 땅에서 왕 노릇하리로다."

• 내가 또 보고 들으니 보좌와 생물들과 장로들을 둘러선 많은 천사의 음성이 있으니 그 수가 만만이요 천천이라 큰 음성으로 가로되 "죽임을 당하신 어린양이 능력, 부, 지혜, 힘, 존귀, 영광, 찬송을 받으시기에 합당하도다." 하더라.
• 내가 또 들으니 하늘 위, 땅 위, 땅 아래, 바다 위, 또 그 모든 가운데 만물이 가로되 "보좌에 앉으신 이와 어린양에게 찬송, 존귀, 영광, 능력을 세세토록 돌릴지어다." 하니
• 4생물이 "아멘"하고 장로들은 엎드려 경배

구약에서 여호와의 구원과 축복을 송축할 때 불린 새 노래가 신약에서도 사용되고 있다. 4생물과 24장로들이 어린양을 찬양하며 새

노래, 곧 구속의 노래를 했다. 천사들도 어린양을 찬양했다. 그리고 모든 만물이 하나님과 어린양을 찬양했다. 하늘의 3중 코러스다.

이 땅 위뿐 아니라 땅 아래 있는 존재들, 하늘에서, 바다 위에서도 찬양이 있다. 찬양은 아무것도 가진 것이 없는 우리가 하나님께 드릴 수 있는 유일한 선물이다. 이 찬양의 노래는 구원을 감사하는 매우 웅장한 장면이다. 우리를 위해 죽으신 십자가의 예수님과 하늘에서 영광을 받으시는 예수님은 얼마나 비교가 되는가. 그 피를 믿지 않는다면 이런 구원의 찬양을 드릴 수 없다. 그러므로 십자가에서 죽으신 주님을 진심으로 믿어야 한다. 주님이 나를 위해 죽으셨다는 것을 믿어야 한다. 9, 10절은 피로 산 우리를 하나님께 드렸다. 우리를 십자가의 피로 사신 것이다. 머리로 믿어서는 안 된다. 성령이 영의 눈을 열어주실 때 가능하다.

✽ 생각해볼 문제: 인봉을 떼기에 합당하시도다

인봉을 떼는 것은 어린양의 진노가 시작된다는 것을 의미한다.

- 어린양은 일곱 인으로 봉해진 심판을 쏟아놓는다(계6:1-17;8:1-9:21).
- 사단이 지배하는 것을 허용한다(계12,13장).
- 일곱 가지 복수의 심판을 하신다(계14-16장).
- 세상의 종교체제를 파괴한다(계17장).
- 세상의 정치, 경제체제를 파괴한다(계18장).
- 아마겟돈에서 죄인들과 사단을 패배시킨다(계19장).
- 적그리스도와 거짓 선지자들을 정죄하여 지옥으로 던진다(계19:20).

제7장 　요한계시록 6장: 일곱인

1. 첫째 봉인: 흰말과 정복 왕

- 내가 보니 어린양이 7인(印, seals) 중에 하나를 떼시는 그때 4 생물 중 하나가 우뢰(雨雷) 소리같이 말하되 "오라" 하기로 내가 보니
- 흰말이 있는데 그 탄 자가 활을 가졌고 면류관을 받고 나가서 이기고 또 이기려고 하더라.

인을 떼시는 자는 어린양 예수 그리스도시다. 하나님은 말세에 될 일을 미리 계획하시어 봉함에 두었다가 예수 그리스도께서 열어 말세를 주관케 하신다.

흰말에서 말은 전쟁에서 사용하는 말로 세상과 싸움을 보여준다. 흰 것은 평화, 성결, 순종을 상징한다. 전쟁과 평화, 어떻게 해석할 수 있을까. 네 명의 말 탄 사람의 모습은 스가랴 1장 8-17절과 6장 1-8절에서부터 생각할 수 있다. 계시록의 색깔은 말 탄 사람의 특성과 연관되어 있다. 흰색은 정복을 상징한다. 검은 색은 기근을, 붉은 색은 피 흘림과 전쟁을, 그리고 청황색은 죽음을 의미한다.

흰말 탄 자에 대해서는 여러 해석이 있다.

첫째, 그 탄자는 교회(복음) 세력을, 활은 복음을, 면류관은 이기도록 보장된 것을 뜻한다. 이기고도 또 이기려 하는 것은 복음 전파의 승리로 본다.

둘째, 세계를 정복하실 그리스도라는 해석이다. 흰색은 거룩하고 성스러우며, 예수님은 금 면류관을 쓰셨고, 예수님이 승리하신다. 흰

말을 타고 면류관을 받은 자가 연전연승하는 것은 죽음의 권세를 이기신 예수 그리스도의 이름이 땅 끝까지 전파될 것에 대한 계시이다.

셋째, 거짓 그리스도라는 해석이다. 그리스도로 가장하여 사람을 미혹한다. 이때 활은 사단의 무기, 면류관을 쓴다는 것은 적그리스도의 일시적 승리를 상징한다. 인을 뗄 때 성도들이 당할 고통을 묘사하는 것이라면 이 해석이 맞는다는 주장도 있다.

✻ 생각해볼 문제: 일곱인

위엄 있게 보좌에 앉으신 하나님께서 안팎으로 쓰여 일곱 인으로 봉한 책을 붙들고 계신다. 유다의 사자 외에는 그 인을 떼어 내 그 내용을 드러낼 자가 없다. 처음의 여섯 인들이 떼어질 때 땅 위에는 전쟁, 기근, 죽음, 지진 그리고 하늘의 대변동을 수반하는 참화가 쏟아진다. 땅의 임금들은 그 진노의 순간에 낙담한다.

일곱인

일곱인	등장하는 말(상징)	인 뗌 결과
첫째인	흰 말(정복)	냉 전
둘째인	붉은 말(전쟁)	열 전
셋째인	검은 말(기근)	기 근
넷째인	청황색 말(죽음)	전쟁,기아,맹수에 의한 죽음
다섯째 인		죽음당한 영혼들의 울부짖음
여섯째 인		지상 최대의 지진,혼란,기도 모임
(중간 휴지기)		14만 4천과 큰무리의 회심
일곱째 인		7나팔로 구성됨

2. 둘째 봉인: 붉은 말과 전쟁

- 둘째 인을 떼실 때 둘째 생물이 "오라" 말하더니 이에 붉은 다른 말이 나오더라.
- 그 탄 자가 허락을 받아 땅에서 화평을 제하여 버리며 서로 죽이게 하고 또 큰 칼을 받았더라.

여기에는 크게 두 가지 해석이 있다.

첫째는 전쟁이 날 것이라는 주장이다. 큰 칼은 대량살인무기로 살인행위가 크게 있을 것을 말한다. 현대의 무기들은 대량살상무기들의 전시장이다. 세계적인 전쟁의 틈바구니 속에서 그리스도인들이 무참히 살해될 것임을 보여준다.

둘째는 성도들에게 가해지는 핍박을 상징한다. 붉은 말을 탄 자가 큰 칼을 가지고 나타난 것은 초대교회부터 주의 재림 때까지 계속되는 큰 박해라는 것이다. 특히 큰 칼은 '마카리아(macharia)'로 제물을 드릴 때 쓰이는 칼임을 미루어 순교자들이 속출할 것을 알 수 있다.

3. 셋째 봉인: 검은 말과 식량품귀

- 셋째 인을 떼실 때 셋째 생물이 말하되 "오라" 하기로 내가 보니 검은 말이 나오는데 그 탄자가 손에 저울을 가졌더라.
- 내가 4생물 사이로서 나는 듯한 음성을 들으니 "한 데나리온(은전 a denarius)에 밀 한 되요 한 데나리온에 보리 석 되로다 또 감람유와 포도주는 해치 말라."

검은 말은 전쟁의 결과 경제적으로 위기가 닥침을 상징한다. 검정은 슬픔, 암흑, 애도의 전쟁을 상징하는 색이다.

탄 자가 손에 저울을 가진 것은 식량이 모자라 무게로 파는 것을 보여준다. 저울은 측량과 모자람(제한)을 상징하는 것으로 여유가 없고 부족한 상태를 나타낸다. 모자라니까 달고 공평하기 위해 단다. 이것은 식량전쟁(곡식대란)이 올 것을 말한다. 흉년과 기근으로 경제적 고갈이 심각해져 물질로 인해 고통하는 시대가 도래할 것이라는 것이다.

한 데나리온은 당시 하루 품삯이다. 당시 한 데나리온으로 밀 15-20되를 살 수 있었다. 그런데 한 되밖에 살 수 없는 형국이 된다는 것이다. 필수품이 그만큼 귀해진다. 이런 때 사람들은 하나님보다 물질을 더 숭상하게 된다. 이런 시기에 그리스도인들이 얼마나 물질적으로 곤경을 받게 될 것인가를 보여준다.

'감람유와 포도주는 해치 말라'는 것은 반대로 사치품이 풍성해진다는 것이다. 식량도 부족한데 감람유와 포도주는 일반인에게는 상상도 못할 품목이다. 일반백성은 궁핍하게 되는데 박해하는 자들은 부유함을 누리게 되는 모습(양극화 극심)을 보여준다. 이것은 빈곤 가운데서도 예외가 있음을 보여준다.

이에 대한 영적인 해석은 다르다. 감람유는 성령(감람유)으로 거듭난 자를 가리키고, 포도주는 예수님의 보혈로 거듭난 자, 그리스도 안에 있는 자를 상징하는 것으로 그런 자를 해하지 말라는 말씀이라는 것이다. 아무리 박해가 심하고 경제적 위기가 닥쳐도 진리의 말씀과 그 보혈로 거듭난 자는 해칠 수 없다는 것이다.

4. 넷째 봉인: 청황색 말과 사망

- 넷째 인을 떼실 때 내가 넷째 생물의 음성을 들으니 "오라" 하기로 내가 보니 청황색 말이 나오는데 그 탄 자의 이름은 사망

이니 음부가 그 뒤를 따르더라.
- 저희가 땅 4분의 1의 권세를 얻어 검, 흉년, 사망, 땅의 짐승으로써 죽이더라.

청황색은 가을 단풍 색, 시체 빛깔과 같은 납빛으로 심판과 추수를 상징한다. 청황색 말(pale horse−black and blue)은 죽음, 전쟁과 기근의 결과 삶의 위기가 닥칠 것을 암시한다. 넷째 인은 앞서 있는 여러 재난의 결과로 삶은 더 피폐해진다는 것을 보여준다.

사망의 원인은 검, 흉년, 사망, 땅의 짐승으로 표현되어 있다. 검은 전쟁을, 흉년은 물질적 및 영적인 기근을, 사망(thanatos)은 온역과 전염병을, 땅의 짐승은 흉악한 인간들 또는 잔악한 국가를 상징한다. 종교를 핍박하는 사단의 세력이 있다는 것이다. 핍박이 더 심해져 마침내 모든 그리스도인들이 순교의 제물이 될 상황이 청황색 말 탄 자의 환상으로 소개되고 있다.

5. 다섯째 봉인: 죽임을 당한 영혼들의 기도

- 다섯째 인을 떼실 때 내가 보니 하나님의 말씀과 저희의 가진 증거를 인하여 죽임을 당한 영혼들이 제단 아래 있어 큰소리로 불러 가로되 "거룩하고 참된 대주재여, 땅에 거하는 자들을 심판하여 우리 피를 신원하여 주지 아니하시기를 어느 때까지 하시려나이까." 하니
- 저희에게 각각 흰 두루마기를 주시며 가라사대 "아직 잠시 동안 쉬며 저희 동무 종들과 형제들도 자기처럼 죽임을 받아 그 수가 차기까지 하라." 하시더라.

죽임을 당한 영혼들은 교회에 대한 박해가 있었음을 상징한다. 순

교자들은 하나님의 말씀과 저희의 가진 증거 때문이다. 순교자들은 핍박자들을 심판하고, 피 흘림에 대해 원한을 풀어 주기를 호소한다.

흰 두루마기를 주시는 것은 순교자들을 위로하고, 그들의 충절과 성결을 인정하신다는 것이다. 이것은 순교자들의 생애가 끝난 것이 아니라 하나님의 나라에서 쉬고 있음을 보여준다. '그 수가 차기까지 하라'는 말씀은 재림 전에 많은 순교자가 나올 것을 예언하고 있다. 그 수는 하나님만이 아신다. 핍박이 예상보다 오래간다.

6. 여섯째 봉인: 큰 지진과 진노의 큰 날

- 여섯째 인을 떼실 때 큰 지진이 나며 해가 총담같이 검어지고 온 달이 피같이 되며 하늘의 별들이 무화과나무가 대풍에 흔들려 선 과실이 떨어지는 것같이 땅에 떨어지며 하늘은 종이 축이 말리는 것같이 떠나가고 각 섬과 섬이 제자리에서 옮기우며
- 땅의 임금들, 왕족들, 장군들, 부자들, 강한 자들, 각 종과 자유자가 굴과 산 바위틈에 숨어 산과 바위에게 이르되 "우리 위에 떨어져 보좌에 앉으신 이의 낯에서와 어린양의 진노에서 우리를 가리우라 그들의 진노의 큰 날이 이르렀으니 누가 능히 서리요."

종말의 때에 관한 예수님의 말씀을 연상케 한다. 그때는 예수님이 재림하시는 날이다. 그날엔 무엇보다 해, 달, 별, 하늘, 산, 섬 등 자연계의 대파괴가 있다. 총담은 검은 염소털로 만든 천(sackcloth made of goat hair)을 말한다. 그렇게 검어진다는 뜻이다.

그날에는 임금, 왕족, 장군, 부자 등 땅의 사람들의 패배와 도피가 있다. 어린양의 진노는 심판을, 진노의 큰 날은 주의 재림의 날을 가리킨다. 우주의 변동과 핍박자들에 대한 어린양의 심판이 시행된다.

제8장 요한계시록 7장: 인치기까지 해하지 말라

1. 바람을 붙잡은 4천사: 중간 휴지기

- 이 일 후 내가 4천사가 땅 네 모퉁이에 선 것을 보니
- 땅의 사방의 바람을 붙잡아
- 바람으로 하여금 땅에나 바다에나 각종 나무에 불지 못하게 하더라.

4천사가 사방의 바람(환란의 바람)을 붙잡고 바람을 불지 못하도록 하는 것은 천사의 인치는 작업을 잘 마칠 수 있도록 하기 위한 것이다.

인치는 일은 복음의 말씀을 듣고 사상과 머릿속에 확실히 믿어지도록 성령이 도장을 찍듯 확인하는 것이다. 무형으로는 성령을, 유형으로는 세례를 의미한다.

바람은 8장과 9장에서 일어난 7나팔로 인해 야기되는 대환란의 시작을 말한다.

4천사는 땅의 환란을 주관하는 천사로, 해 돋는 데서 올라온 천사가 인치는 사명을 다할 때까지 환란을 중지시키기도 하고, 때가 되면 전쟁을 일으키기도(계9:13-15) 한다.

천사들이 바람을 붙잡은 것은 여섯째 인과 일곱 째 인 사이의 짧은 기간 성스러운 중간 휴지기(休止期)가 있음을 보여준다. 이때 14만 4천과 셀 수 없는 큰 무리의 회심이 일어난다.

2. 12지파의 인 맞은 자의 수 14만 4천: 이스라엘의 인 맞은 자

- 또 보매 다른 천사가 살아계신 하나님의 인을 가지고 해 돋는 데로부터 올라와서 땅과 바다를 해롭게 할 권세를 얻은 4천사를 향해 큰 소리로 외쳐 가라대
  "우리가 우리 하나님의 종들이 이마에 인치기까지 땅, 바다, 나무나 해하지 말라."
- 내가 인 맞은 자의 수를 들으니 이스라엘 자손의 각 지파 중에서 인 맞은 자들이 14만 4천(각 지파 당 1만 2천), 유다(1만 2천), 납달리(1만 2천), 잇사갈(1만 2천), 루으벤(1만 2천), 므낫세(1만 2천), 스불론(1만 2천), 갓(1만 2천), 시므온(1만 2천), 요셉(1만 2천), 아셀(1만 2천) 레위(1만 2천), 베냐민(1만 2천)

해 돋는 데로부터 올라온 천사의 사명은 인치는 것이다. 해 돋는 데는 동편 곧 하나님 편으로 하나님 편에 선 자는 어느 누구나 어느 민족이나 인치는 사명을 받았다. '인치기까지'는 땅에서 인치는 기간이 있음을 말해준다.

고대 문서들은 끈으로 묶은 후 매듭 위에 진흙을 바르고 인을 찍은 다음 말려 그 문서에 권위를 부여하고 그 내용을 보호했다. 하나님의 인을 맞은 사람들은 앞으로 닥칠 심판에서 보호받을 것이라는 사실을 말하고 있다.

✽ 생각해볼 문제: 14만 4천

14만 4천에 대해서는 여러 해석이 있다.
첫째, 상징적인 의미로 대환란을 통과하고 하나님으로부터 구원을

얻은 모든 신자들의 수를 나타낸다. 12(유대인의 구원의 만수)×12(이방인의 구원의 만수)×1000(굉장히 많다는 뜻).

둘째, 선택된 이스라엘 민족이다. 흔히 12지파를 말하는데 여기에는 단 지파가 빠져 있어 문자적 이스라엘로 보기보다 신령한 이스라엘로 해석되기도 한다. 이스라엘 가운데 남게 될 신실한 숫자라는 것이다.

단이 빠진 것은 창세기 49장 17절의 예언, 사사기 18장 30절과 열왕기상 12장 29절에 보여준 우상숭배, 예레미야 8장 16절에 관한 해석에서 적그리스도가 단 지파에서 나타난다고 믿는 것 등 여러 이유가 있다.

14만 4천은 땅에서 구속함을 받은 성도를 가리킨다. 따라서 이것은 문자 그대로 14만 4천 명만을 뜻하거나 유대인들 가운데 구속받은 자들만을 가리키는 것이 아니다. 이들은 이 세상에서 어린양의 피로 구속받은 자들로 하나님과 어린양에게 속한 자들이다.

계시록은 그들의 특징을 다음과 같이 기록하고 있다.

- 이마에 어린양의 이름과 아버지의 이름이 기록된 사람(14:1): 성령으로 거듭나서 하나님의 소유물이라는 표시가 있는 사람들.
- 보좌와 네 생물과 장로들 앞에서 새 노래를 부르는 사람들(14:3): 새 노래는 질적으로 새로운 노래를 말하는 것으로, 거듭난 사람만이 이 노래를 부를 수 있다.
- 여자로 더불어 더럽히지 않은 사람들(14:4): 도덕적인 순결, 신앙의 절개를 지킨 사람들.
- 정절이 있는 사람들(14:4): 예수님께만 순종하는 사람들.
- 그 입에 거짓이 없는 사람들(14:5): 예수님을 부인하지 않고(요일2:22) 형제자매를 사랑하는 사람들(요일4:20).
- 흠이 없는 사람들(14:5): 오직 예수 그리스도의 보혈로 씻겨서

정결하게 될 때만 흠이 없어질 수 있다(벧전1:19).

3. 흰옷 입은 큰 무리: 이방인 중에서 구원받은 자

- 이 일 후에 내가 보니 각 나라, 족속, 백성, 방언에서 아무라도 능히 셀 수 없는 큰 무리가 흰옷을 입고 손에 종려가지를 들고 보좌 앞과 어린양 앞에 서서 큰소리로 외쳐 "구원하심이 보좌에 앉으신 우리 하나님과 어린양에게 있도다."
- 모든 천사가 보좌, 장로들, 4생물의 주위에 섰다가 보좌 앞에 엎드려 얼굴을 대고 하나님께 경배하며 "아멘, 찬송 영광 지혜 감사 존귀 능력 힘이 우리 하나님께 세세토록 있을지어다. 아멘."
- 장로 중 하나가 내게 이르되 "이 흰옷 입은 자들이 누구며 또 어디서 왔느뇨"

내가 "내 주여, 당신이 알리이다" 하니

그가 나더러 이르되

"이는 큰 환란에서 나오는 자들인데 어린양의 피에 그 옷을 씻어 희게 하였느니라 그러므로 그들이 하나님의 보좌 앞에 있고 또 그의 성전에서 밤낮 하나님을 섬기매 보좌에 앉으신 이가 그들 위에 장막을 치시리니 저희가 다시 주리지도 아니하고 목마르지도 아니하고 해(sun)나 아무 뜨거운 기운에 상하지 아니할지니 이는 보좌 가운데 계신 어린양이 저희의 목자가 되사 생명수 샘으로 인도하시고 하나님께서 저희 눈에서 모든 눈물을 씻어주실 것임이라."

흰옷을 입은, 셀 수 없이 큰 무리는 인 맞은 자들로, 모든 민족에 해당된다. 이방인 가운데서 대환난 중에도 믿음을 지킨 무리들이다.

흰옷은 성결을 상징하며, 오직 그리스도의 대속적 은총 때문에 입을 수 있다. 그들은 보좌 앞에서 하나님을 찬양하며 섬기는 일을 한다. 큰 환란은 그리스도가 재림하기에 앞서 닥칠 무서운 심판의 기간을 의미한다. 혹자는 이미 요한의 때에 교회가 치렀다고 주장하기도 한다.

천사들도 성도를 완전하게 구원하신 하나님을 찬송하며 경배한다. 천사들도 성도를 섬기며 구원의 광경을 보기 원한다(히1:14;벧전1;12).

하나님은 인 맞은 자들에 대해 축복을 하신다. 하나님이 그들을 위해 장막을 치시고(영원한 보호), 다시는 주리거나 목마르지 않으며 해나 아무 뜨거운 기운에 상하지 아니하고(영원한 평안), 목자가 되신 어린양의 인도함을 받으며(영원한 인도와 안식), 하나님이 저희 눈의 눈물을 씻어주신다(영원한 위로). 해나 뜨거운 기운에 상한다는 것은 화형과 같은 핍박을 받는 것을 말한다.

계시록에서 성전이라는 단어가 16번 나온다. 여기서 성전은 성전의 내부 광경이 주로 묘사되며, 그곳은 하나님이 임재하신 곳으로 설명되고 있다.

✻ 생각해볼 문제: 인, 다시 맞아야 하는가?

하나님의 백성들은 이미 이마에 하나님의 인을 맞았다. 따라서 짐승의 인을 맞지 않는다. 인은 소유권을 의미하기 때문에 이미 하나님의 소유가 된 그리스도인들은 사단이 빼앗아갈 수 없다(요 6:39;10:28-29). 예수 그리스도는 구원을 완성하신다.

제9장   요한계시록 8장: 일곱째 인과 네 나팔

1. 일곱째 봉인

- 일곱째 인을 떼실 때 하늘이 반시간 동안쯤 고요하더니
- 내가 보니 하나님 앞에 시위한 7천사가 있어 7나팔을 받았더라.

일곱째 인은 악인들에 대한 최후 심판의 과정을 소개하는 일곱 나팔의 시작이다. 그 인을 떼기 전에 30분 정도의 고요가 지속된다. 성경에서 30은 애곡과 관련되어 있다. 이스라엘은 아론과 모세가 죽었을 때 30일 동안 애곡하였다. 일곱째 인은 일곱 나팔의 심판으로 이루어져 있다.

2. 성도의 기도

- 또 다른 천사가 와서 제단 곁에 서서 금향로를 가지고 많은 향을 받았으니
  이는 모든 성도들의 기도와 합하여 보좌 앞 금단에 드리고자 함이라
- 향연이 성도의 기도와 함께 천사의 손으로부터 하나님 앞으로 올라가는지라
- 천사가 향로를 가지고 단위의 불을 담아다가 땅에 쏟으시매 뇌성, 음성, 번개, 지진이 나더라.
- 7나팔 가진 7천사가 나팔 불기를 예비

천사의 나팔과 함께 성도의 기도가 있다. 이 기도는 심판을 재촉하는 기도이다. 기도의 핵심은 하나님의 뜻이 이 땅에서 이뤄지도록 하는 것에 있다. 하나님의 뜻은 세상이 심판받음으로 하나님의 영광이 드러나는 것이다. 심판으로 물질계가 완전히 망하게 된다. 기도를 열심히 할수록 구원과 함께 세상에 대한 심판이 빨라진다.

모든 재앙은 하나님께로부터 임하며 하나님은 천사들을 통해 경고하신다. 하늘 보좌는 천사들이 시위해 있고 성도들의 기도가 올라가는 곳이다. 천사가 향로에 제단의 불을 담아 땅에 쏟을 때 지진과 뇌성과 음성과 번개가 났다는 것은 핍박자들로 인해 부르짖는 성도들의 기도가 응답된다는 뜻이다.

✽ 생각해볼 문제: 일곱 나팔

고대 사회에서 나팔은 공동체의 주의를 환기시키고자 할 때 사용되었다. 이스라엘의 경우 전쟁을 하러 갈 때나 절기가 시작되었음을 알릴 때 나팔을 사용했다.

예언자들이 활동하던 시대에는 나팔은 임박한 하나님의 진노를 경고하며 회개를 촉구할 때 사용되었다. 계시록에서 사용되는 나팔은 세상 사람들이 죄 가운데서 멸망하지 않도록 흔들어 깨우시는 하나님의 경고이다. 하나님은 세상 사람들이 회개하기를 바라신다. 계속되는 재앙을 통해 최후 심판의 심각성을 일깨우신다. 계속되는 재앙에도 불구하고 사람들이 끝내 회개하지 않는 것은 최후 심판의 정당성을 말해준다. 7나팔의 계시는 이미 전파된 복음의 확인이다.

마지막 일곱째 인이 떼어질 때 일곱 나팔이 드러난다. 각각의 나팔이 차례로 올라오면서 자연과 하늘의 재앙이 다시 한 번 일어난다. 그것은 우박, 불, 떨어지는 별들, 죽음, 어두움, 화 등 사람들이 죽기를 구해도 얻지 못하게 하는 재앙들(9:6)이다. 이 재앙 중 몇 가지는 모세 시대에의 애굽에서 있었던 열 가지 재앙(출7:14-12:36)과 유사하다.

일곱 나팔

일곱 나팔	나팔로 인한 결과
첫 번째 나팔	수목의 삼분의 일이 파괴됨
두 번째 나팔	바다 생물과 배의 삼분의 일이 파괴됨
세 번째 나팔	정한 물의 삼분의 일이 더럽혀짐
네 번째 나팔	해와 달과 별의 삼분의 일이 어두워짐
다섯 번째 나팔	하나님의 인 맞지 않은 사람들이 5달동안 괴롭힘을 당함
여섯 번째 나팔	전쟁으로 사람 삼분의 일이 죽음
(중간 휴지기)	하나님 사자들의 메시지,성전측량,하나님 증인들의 사역
일곱 번째 나팔	일곱 대접 재앙의 준비

3. 첫째 천사의 나팔

- 첫째 천사가 나팔을 부니 피 섞인 우박과 불이 나서 땅에 쏟아지매
- 땅의 3분의 1이 타서 사위고 각종 푸른 풀도 타서 사위더라 (burnt up).

천사가 나팔을 분다는 것은 심판이 시작되었다는 상징적 표현이다.

피 섞인 우박과 불은 오염원을 뜻한다. 땅에 쏟아졌다는 것은 땅이 오염되었음을 의미한다. 그 오염의 결과는 다음과 같이 나타난다.

땅의 3분의 1이 타서 사위고. 3분의 1은 아주 광범위하게, 그리고 엄청난 양이 오염된다는 것을 보여준다. 오염은 전 세계적이다.

수목의 3분의 1도 타서 사위고 각종 푸른 풀도 타서 사위더라. 나무, 풀이 불에 탄다. 오염되어 죽는다. 현재 아마존 림을 비롯하여 각종 열대림들이 타 들어가고 있다. 보고에 의하면 2100년경에는 동북아가 아열대 지역으로 바꿔진다고 한다. 건조하고 사막화된다는 것이다. 지구의 삼분의 일이 오염으로 시달린다고 생각해 보라.

가뭄으로 농업의 피해가 커지는 것으로도 이해할 수 있다. 농업에 피해를 주는 것은 하나님이 인간들의 죄를 깨닫게 하시는 데 있어서 가장 보편적으로 사용할 수 있는 방법이다.

✱ 생각해볼 문제: 나팔의 경고, 어떻게 이해할 것인가?

계시록의 예언들은 이해하기 힘들다. 깨닫게 하시기까지 기다려야 한다. 해석의 방법과 적용의 대상이 다를 수 있다. 이 8장에 대한 해석도 다양하다. 다양한 무기와 핵폭탄의 발전, 그리고 그에 따른 파괴의 심각한 파괴로 설명하기도 하고, 가뭄으로 인한 농업의 피해, 수산업과 해운업의 타격 등으로 해석하기도 한다. 옥한흠에 따르면 계시록 8장은 환경파괴에 대한 예언으로도 볼 수 있다. 하나님은 환경파괴를 통해서 세상을 심판하고 계신다. 환경을 통한 설명도 매우 설득력 있다.

4. 둘째 천사의 나팔

- 둘째 천사가 나팔을 부니 불붙는 큰 산과 같은 것이 바다에 던지우매 바다의 3분의 1이 피가 되고
- 바다 가운데 생명가진 피조물의 3분의 1이 죽고
- 배들의 3분의 1이 깨어져

‘불붙는 큰 산과 같은 것이 바다에 던지우매’는 바다가 오염되었음을 말한다. 바다도 오염으로 백화현상을 보이는 등 황폐화되고 있다.

바다의 오염으로 인해 생기는 성경적 현상으로 바다의 3분의 1이 피가 되고, 바다 가운데 생명 가진 피조물들의 3분의 1이 죽고, 배들의 3분의 1이 깨어진다. 바다에 피는 애굽에 내려졌던 첫 번째 재앙을 연상시킨다. 배들의 깨어짐은 고기잡이의 어려움으로 어장싸움을 심하게 하는 것으로 볼 수 있거나 고기를 잡을 수 없어 배들이 쉬고 있음을 의미한다. 지금도 어장을 넓히기 위해 각 나라마다 경계 싸움을 벌인다. 돌 하나 있는 섬이 보인 경우 그곳을 경계로 삼아 자국 영해를 넓게 잡는다. 모두 어장 싸움이다. 둘째 나팔로 수산업과 해운업이 타격을 입는다.

5. 셋째 천사의 나팔

- 셋째 천사가 나팔을 부니 횃불같이 타는 큰 별이 하늘에서 떨어져 강들의 3분의 1과 여러 물 샘(fountain)에 떨어지니 이 별의 이름은 쑥(wormwood)이라
- 물의 3분의 1이 쑥이 되니 그 물이 쓰게 되어 많은 사람이 죽더라.

‘횃불같이 타는 큰 별이 하늘에서 떨어져 강들의 삼분의 일과 여러 물 샘에 떨어지니’는 강과 지하수가 오염될 것을 말한다. 산 좋고 물 맑은 우리나라에서 언제 생수병 들고 다니리라고 생각을 해보았는가? ‘이 별 이름은 쑥이라 물들의 3분의 1이 쑥이 되매 그 물들이 쓰게 됨을 인해 많은 사람이 죽더라.’ 물의 오염으로 인해 이 물을 마신 사람들이 죽게 된다.

출애굽 시대에 모든 물 근원이 피로 변한 재앙과 같이 계속되는

재앙에도 바로처럼 회개하지 않고 강퍅한 시대임을 보여준다.

6. 넷째 천사의 나팔

• 넷째 천사가 나팔을 부니 해, 달, 별들의 3분의 1이 침을 받아 (struck) 그 3분의 1이 어두워지니 낮 3분의 1은 비췸이 없고 밤도 그러하더라.

어두워진다. 출애굽시대의 흑암 재앙을 연상케 한다. 이것은 천체의 변화가 있을 것임을 말해준다. 이것은 느리지만 심각하다. 현재 오염으로 인해 오존층이 엷어지고 하늘에 구멍이 나 있다. 남극의 50%, 북극의 20%의 면적이 줄어들고 있다. 우리의 피부암도 늘어간다. 오염이 우주적으로 확산됨을 보여준다.

계시록 8장은 3분의 1의 파괴를 보이지만 16장에 가서는 완전히 파괴됨을 보여준다. 21세기 도전적 문제는 환경보호이다. 다보스 포럼에서도 기후 이상으로 인한 재난을 예고하고 있다. 환경파괴는 하나님의 구원계획과 맞물려 있다. 환경파괴는 하나님의 심판이다. 하나님의 구원이 가까울수록 심판도 가까워온다. 하나님의 구원계획이 진행됨에 따라 세상에 대한 심판 프로그램도 아울러 진행되고 있다. 심판 프로그램은 자연파괴, 환경파괴로 나타난다. 이 과정 속에 인간의 고집과 하나님의 오래 참으심이 대조되어 있다.

✳ 생각해볼 문제: 환경문제

이러한 환경파괴를 보고 우리는 어떤 자세로 살아야 하는가?

첫째, 현실을 예의 주시하며 영적으로 깨어 있어야 한다. 깨어 있다는 것은 하나님 나라와 그 의를 구하는 것, 나 개인의 일이 아니라 주님의 일에 힘쓰는 것, 쉬지 않고 기도하는 것, 세상에 마음을 주지 않는 것, 내 정욕대로 살지 않는 것을 말한다.

둘째, 자연보호에 최선을 다한다. 세상은 심판을 받아야 한다. 물질계는 심판을 받아 완전히 망해야 한다. 그러나 역설적이지만 우리는 자연을 보호해야 한다. 환경파괴로 심판 프로그램이 진행되고, 결국 세상이 망하게 된다(entropy) 할지라도 자연을 보호하고 환경을 살려야 한다(negative entropy). '천국이 좋으니 세상도 하루 빨리 망하고, 나도 빨리 죽자'고 하는 것은 미친 짓이다. 건강은 하나님의 선물이다. 하나님의 일을 하기 위해 우리의 건강을 생각해야 한다. 자연도 마찬가지로 하나님이 주신 선물이므로 돌봐야 한다. 자연이 오염으로 인해 결국 파괴된다 할지라도 지금 우리가 더 못되게 하거나 그렇도록 내버려두는 것은 자연을 관리해야 할 책임을 맡은 우리가 할 짓이 아니다.

셋째, 복음을 더 열심히 전해야 한다. 때가 얼마 남지 않았기 때문이다. 세상은 심판 아래 있다, 우리는 구원사역에 동참해야 한다. 한 사람이라도 더 전도해야 한다.

7. 독수리의 큰 소리

• 내가 또 보고 들으니 공중에 날아가는 독수리가 큰 소리로 이르되 "땅에 거하는 자들에게 화, 화, 화가 있으리로다. 이 외에도 세 천사의 불 나팔 소리를 인함이라."

앞으로 남은 천사의 나팔 경고에 화가 임할 것을 경고하고 있다. 화, 화, 화는 다섯째, 여섯째, 그리고 일곱째 나팔을 가리킨다.

제10장 요한계시록 9장: 다섯째 나팔과 여섯째 나팔

1. 다섯째 나팔

- 다섯째 천사가 나팔을 불매 내가 보니 하늘에서 땅에 떨어진 별 하나가 있는데 저가 무저갱(bottomless pit)의 열쇠를 받았더라.
- 저가 무저갱을 여니 그 구멍에서 큰 풀무(furnace)의 연기 같은 연기가 올라오매 해(sun)와 공기가 그 구멍의 연기로 인하여 어두워지며
- 또 황충(locusts)이 연기 가운데로부터 땅 위에 나오매 저희가 땅에 있는 전갈(scorpions)의 권세 같은 권세를 받았더라.
- 저희에게 이르시되 "땅의 풀이나 푸른 것이나 각종 수목은 해하지 말고 오직 이마에 하나님의 인 맞지 아니한 사람들만 해하라" 하시더라.
- 그러나 그들을 죽이지는 못하게 하시고 5달 동안 괴롭게만 하게 하시는데 그 괴롭게 함은 전갈이 사람을 쏠 때 괴롭게 함과 같더라.
- 그날에는 사람들이 죽기를 구하여도 얻지 못하고 죽고 싶으나 죽음이 저희를 피해.

다섯 째 나팔은 첫째 화다. 이 재앙 역시 출애굽 시대에 바로의 백성들에게 임한 재앙을 연상케 한다. 이마에 하나님의 인을 맞지 않은 사람들에게만 이 재앙이 임한다.

떨어진 별은 하나님의 대리자로 천사를 의미하는 것으로 보기도 한다(계20:1). 그 천사가 무저갱의 열쇠를 받았다. 무저갱(abussos)은

마귀들의 처소이다. 히브리어로 '테홈(tehom)'이다. 무저갱은 원래 '심연의 통로'라는 의미를 가지고 있다. 본문에서는 구멍으로 묘사되어 있다. 통로라는 말은 땅 표면에서 지구의 중심부로 들어가는 입구가 있음을 의미한다. 이곳은 지옥과는 다르며 사단의 임시 거처이자 짐승의 출처이기도 하다. 무저갱의 또 다른 표현으로는 베드로후서 2장 4절에 '어두운 구덩이(tartarus)'가 있다. 사단은 후에 천년왕국 동안 이곳으로 유폐된다(계20:3).

무저갱을 열 때 그 구멍에서 큰 풀무의 연기 같은 연기가 났다. 이것은 하나님의 빛을 가리는 영적 흑암 상태를 의미한다. 그 연기 사이로 황충이 나타난다. 황충은 농작물을 해치듯 파괴적이다. 이 황충은 자연계에 해를 주는 것이 아니라 하나님의 인을 맞지 않은 자를 공격한다.

✽ 생각해볼 문제: 떨어진 별, 사단일까 천사일까?

어떤 학자들은 떨어진 별을 사단 자신일 것으로 추정한다(사14:12; 눅10:18;고후11:14). 그리스도는 무저갱의 열쇠를 가지고 계시지만(계1:18) 특별한 목적을 위해 사단이 그것을 사용하도록 허용하셨다는 것이다. 이 사단이 잠시 사람들을 괴롭힌다. 그러나 그 사단이 하나님의 인을 맞지 아니한 사람들을 괴롭게 할 경우 사단의 본래적 모습과는 다르다는 비판을 받는다. 그래서 오히려 떨어진 별은 하나님의 대리자 천사로 보는 것이 합당하다는 주장이 강하다.

2. 황충들의 모양과 그 권세

• 그 모양은 전쟁을 위하여 예비한 말들 같고

- 머리에 금 같은 면류관 비슷한 것을 썼으며
- 그 얼굴은 사람의 얼굴과 같고
- 또 여자의 머리털 같은 머리털이 있고
- 그 이는 사자의 이 같으며
- 철 흉갑(iron breast plate) 같은 흉갑이 있고
- 그 날개들의 소리는 병거와 많은 말들이 전장으로 달려 들어가는 소리 같으며
- 또 전갈과 같은 꼬리와 쏘는 살이 있어 그 꼬리에는 다섯 달 동안 사람들을 해하는 권세가 있어
- 저희에게 임금이 있으니 무저갱의 사자(angel)라 히브리 음으로 아바돈(Abaddon)이요 헬라 음으로 이름은 아볼루온(Apollyon, Hyacinth)이더라
- 첫째 화는 지나갔으나 보라 아직도 화 둘이 이르리라.

황충들은 무저갱의 사자 지휘를 받는다. 이 사자는 천사로 히브리어로 아바돈, 헬라어로 아볼루온이다. 아볼루온은 '아폴뤼온(Apolluon)'으로 '파괴, 파멸'이라는 뜻을 가지고 있으며, 계시록에서는 '무저갱의 천사'라 불리는 황충들의 임금이다. 고대 헬라에서 아볼루온은 아폴로신이나 황제들을 비꼴 때 사용되었다. 이 천사는 이마에 하나님의 인을 맞지 않은 자들에게 하나님의 진노를 내리는 직무를 맡았다. 아바돈도 멸망이라는 뜻을 가지고 있다.

3. 여섯째 나팔

- 여섯째 천사가 나팔을 부니 하나님 앞 금단(golden altar) 4뿔에서 소리가 나 6째 천사에게 말하기를 "큰 강 유브라테에 결박

한 4천사를 놓아주라.”
- 4천사가 놓였으니 그들은 그 년, 월, 일, 시에 이르러 사람 3분의 1을 죽이기로 예비한 자들
- 마병대의 수는 2만만(萬萬)이니 내가 그들의 수를 들었노라
- 이같이 이상한 가운데 그 말들과 그 탄 자들을 보니 불빛(fire), 자주 빛(sapphire), 유황빛(sulfur) 흉갑이 있고 말들의 머리는 사자머리 같고 그 입에서는 불, 연기, 유황이 나와
- 이 세 재앙, 곧 저희 입에서 나오는 불, 연기, 유황으로 사람 3분의 1이 죽임을 당해
- 이 말들의 힘은 그 입과 꼬리에 있으니 그 꼬리는 뱀 같고 또 꼬리에 머리가 있어 이것으로 해하더라.

여섯째 나팔은 둘째 화를 의미한다. 악한 영의 미혹을 받아 세계 인구의 3분의 1이 죽는 전쟁의 참화다. 유브라데 강은 역사적으로 이스라엘과 그의 대적 앗수르, 바벨론을 구분 짓는 경계선이었다(사 8:5-8).

년·월·일·시는 하나님이 작정해 놓은 때를 말한다. 이는 인간은 알 수 없지만 하나님께서 그때를 정하시고 정확하게 일하신다는 것을 알 수 있다. 하나님이 그때 동원할 병력은 이만만(two hundred million, 200,000,000), 곧 2억이다. 여기서 2억은 어떤 특별한 수를 의미하기보다 헤아릴 수 없이 많음을 의미한다(시68:17;단7:10;계5:11).

4. 그래도 회개하지 않는 남은 자들

- 이 재앙에 죽지 않고 남은 사람들은 그 손으로 행하는 일을 회개치 아니하고

- 오히려 여러 귀신과 우상(보거나 듣거나 다니지 못하는 금, 은, 동, 목석)에게 절하고
- 살인, 복술, 음행, 도적질을 회개하지 않아

그럼에도 불구하고 이 참화에서 살아남은 자들은 회개하지 않고, 오히려 귀신과 우상을 섬긴다. 귀신은 사단과 연합한 영적 존재로 인간에게 악한 영향력을 행사하는 피조물이다(신4:28;시115:5-7). 여러 번 회개의 길을 열어놓았음에도 불구하고 회개하지 않는 사람들에 대해서는, 종말에 관한 예수님의 가르침처럼 최후 심판이 임하는 길밖에 없다. 그러나 교회는 핍박 속에서도 영적 권세를 가지고 증인의 사명을 다한다.

제11장　요한계시록 10장: 이 책을 먹으라

1. 작은 책을 든 천사

- 또 내가 보니 힘센 다른 천사가 구름을 입고(wrapped) 하늘에서 내려오는데
  그 머리 위에 무지개가 있고 그 얼굴은 해 같고 그 발은 불기둥 같으며
  그 손에 펴 놓인 작은 책(scroll)을 들고
  그 오른 발은 바다를 밟고 왼발은 땅을 밟고
  그 사자의 부르짖는 것같이 큰 소리로 외치니 외칠 때 7우뢰가 그 소리를 발해
- 7우뢰가 발할 때 내가 기록하려고 들으니 하늘에서 소리가 나 "7우뢰가 발한 것을 인봉하고 기록하지 말라" 하더라
- 바다와 땅을 밟고 선 천사가 하늘을 향해 오른손을 들고
  하나님(세세토록 살아계신 자, 하늘과 땅과 바다와 그 가운데 있는 모든 물건을 창조하신 이)을 가리켜 맹세하여 가로되
  "지체하지 아니하리니(혹 시간이 다시 없으리니) 7째 천사가 소리 내는 날 그 나팔을 불게 될 때 하나님의 비밀이 그 종 선지자들에게 전하신 복음과 같이 이루리라."

이 천사는 그리스도를 대행하는 특별한 천사라는 주장이 강하다. 이 천사는 작은 책을 들고 있다. 이 책은 일곱 인으로 봉해진 책일 것으로 추정된다.

천사는 오른 발은 바다를 밟고, 왼 발은 땅을 밟고 서 있다. 이

천사는 그리스도의 복음을 전하기 위한 사명을 맡았기 때문에 이러한 모습은 5대양, 6대주 땅 끝까지 복음을 전하는 선교적 사명으로 인식된다. 세상은 더 이상 지체함이 없이 하나님의 심판을 받게 될 것이라 선포했을 것이다.

천사가 큰 소리로 외칠 때, 즉 복음을 전할 때 7우뢰가 함께 소리를 냈다. 요한이 기록하기 위해 그 소리를 들으니 7우뢰의 말을 인봉하고 기록하지 말라는 것이었다. 하나님의 비밀은 사람에게 나타내시는 것도 있고, 끝까지 나타내지 않는 것도 있고, 선지자나 사도들에게만 보이는 것도 있다(고후12:4). 하나님의 비밀(신비)은 하늘에 보존되어 있는 비밀을 의미한다. 본문에서는 그 비밀이 그 종 선지자들에게 보이시고 전한 복음 그대로 이루어질 것을 확고히 하고 있다. 하나님은 악의 세력을 무너뜨리고 승리하셔서 영원토록 다스린다(계11:15).

2. 작은 책을 먹은 요한

- 내게 들리던 하늘 음성이 내게 "네가 가서 바다와 땅을 밟고 서 있는 천사의 손에 펴 놓인 책을 가지라." 하기로 내가 천사에게 나아가 작은 책을 달라 하니
- 천사가 "갖다 먹으라. 네 배에는 쓰나 네 입에는 꿀같이 달리라." 하거늘
- 내가 책을 갖다 먹으니 내 입에는 꿀같이 다나 먹은 후 내 배에서는 쓰게 되더라.
  저희가 내게 말하기를 "네가 많은 백성과 나라, 방언, 임금에게 다시 예언하여야 하리라." 하더라.

천사는 요한에게 작은 책을 먹으라 한다. 이것은 에스겔서 3장 1-4절의 장면을 연상케 한다. 그리고 입에서는 달지만 배에서는 쓸 것이라 말한다. 이 점에 대해 여러 해석이 가능하다.

첫째, 왜 쓰다 할까? 이제까지 요한은 환난의 첫 부분을 목격했다. 여기서 그는 응당 심판받아야 할 불경건한 이방인들을 유쾌한 마음으로 지켜보았다. 그러나 이제 환난의 마지막 3년 반을 미리 볼 수 있게 될 터인데, 이때는 이스라엘 백성들이 적그리스도에게 대량학살을 당하기 시작한다. 이것은 그에게 쓴 약과 같다. 천사는 계속 말한다. "많은 백성에게 다시 예언하여야 하리라."

둘째, 우리 신앙생활에의 적용이다. 교회가 복음을 전하기 위해서는 먼저 하나님의 말씀을 먹어야 한다. 하나님의 말씀은 듣기에는 꿀과 같이 달고 좋다(시19:10;119:131). 그러나 그 말씀을 실천하고 실행에 옮긴 데는 고난이 따른다.

이 책을 먹은 자에게는 사명이 주어진다. 예언을 해야 한다는 것이다. 이것은 선교적 사명이 부여되는 것을 말한다. 복음 전파자는 먼저 말씀을 책을 삼키듯 모두(많이) 먹고 고난이 따르더라도 복음을 전해 한 사람이라도 더 주님께 돌아오도록 해야 한다.

제12장   요한계시록 11장: 두 증인과 일곱째 나팔

1. 성전 측량과 밖 마당 짓밟힘

- 또 내게 지팡이 같은 갈대를 주며 말하기를 "일어나 하나님 성전, 제단, 그 안에 경배하는 자들을 척량하되 성전 밖 마당은 척량하지 말고 그냥 두라. 이것을 이방인에게 주었은즉 저희가 거룩한 성을 42달 동안 짓밟으리라."

요한은 자를 가지고 환난 중의 성전과 제단을 측량하도록 명령을 받는다(겔40:5 참고). 측량은 조사, 보호, 돌보심 등 여러 의미를 담고 있다. 교회의 상황을 파악하는 것이다. 또 그 성전에서 경배하는 자들의 상황과 믿음의 정도까지 기록해야 한다. 하나님은 자신을 경배하는 자들에게 관심을 가지고 계신다. 성전은 척량하지만 성전 밖 마당, 곧 세상은 척량하지 않고 그냥 두라 하신다. 이것은 이방인에게 내주었고, 저희가 42달 동안 짓밟으리라 했기 때문이다.

42달은 1260일(42×30＝1260)을 말한다. 이 시간은 3년6개월에 해당하는 시간이다. 예수님도 이방인의 때가 차기까지 짓밟힐 것을 말씀하셨다(눅21:24). 42달의 마지막 환난 시기는 다니엘서 7장 25절, 12장 7절, 그리고 계시록 12장 6절과 14절, 13장 5절에 기록되어 있다. 어떤 이는 시리아의 폭군 안티오쿠스 에피파네스에 의해 고통당하던 시기를 연상하며 썼다고 주장한다. 42달을 못 박은 것은 끝이 없을 것 같은 악의 날도 제한이 있음을 보여주고 있다(단9:27;12:7).

2. 두 증인: 두 감람나무와 두 촛대

- 내가 나의 두 증인에게 권세를 주리니 저희가 굵은 베옷을 입고 1260일 예언하리라. 이는 이 땅의 주 앞에 서 있는 두 감람나무와 두 촛대니
- 만일 누구든지 저희를 해하고자 한즉 저희 입에서 불이 나서 그 원수를 소멸할지니 누구든지 해하려 하면 반드시 이같이 죽임을 당하리라.
- 저희가 권세를 가지고 하늘을 닫아 그 예언을 하는 날 동안 비 오지 못하게 하고 또 권세를 가지고 물을 변하여 피 되게 하고 아무 때든지 원하는 대로 여러 재앙으로 땅을 치리라.

두 증인이 누구인가에 대해서는 여러 설이 있다.

첫째, 선지자 엘리야와 에녹이라 하기도 하고, 엘리야와 모세라 하기도 한다. 두 사람이 누구일까에 대해서는 확실하지 않다. 엘리야가 자주 거론되는 것은 하나님이 엘리야를 여호와의 크고 두려운 날에 보내리라 예언했기 때문이다(말4:5,6;마17:11). 히브리서 9장 27절에 따르면 모든 인간은 죽기 마련이다. 그런데 엘리야와 에녹은 육체적 죽음을 경험하지 않았기 때문에 예언하기 위해 다시금 세상에 보내질 것이고, 결국 순교당할 것이라는 주장이다. 모세가 거론되는 것은 유다서 9절에서 모세가 죽은 다음 사단이 그의 시신을 취하여 감으로써 하나님이 환난 기간 중에 그를 사용하여 적그리스도를 대항할 수 없도록 한 것이 아닌가 하는 추측에서 나온 것이다.

엘리야와 모세로 보는 것은 본문에서 예언을 하는 날 동안 하늘이 문을 닫아 비가 오지 않을 것과 물을 피로 만드는 등의 기적이 엘리야와 모세의 기적과 유사한 것에서 유추할 수 있다. 변화산에서

예수님은 모세와 엘리야와 무슨 말씀을 나누셨을까(마17:13).

둘째, 복음 전파의 사역자들을 일컫는다. 그들은 핍박과 고난 가운데서도 복음을 전한다. 두 증인은 굵은 베옷을 입고 1260일 동안 예언한다. 교회는 환란 가운데서도 선교의 사명을 다해야 한다는 것을 가르쳐 준다.

3. 죽은 두 증인

- 저희가 증거를 마칠 때 무저갱으로부터 올라오는 짐승이 저희와 전쟁을 일으켜 저희를 죽이므로 저희 시체가 큰 성 길에 있으리니 영적으로 하면 소돔 또는 애굽이라고 하니 곧 저희 주께서 십자가에 못 박히신 곳이니라.
- 백성들과 족속과 방언과 나라 중에서 사람들이 그 시체를 사흘 반 동안 목도하며 무덤에 장사하지 못하게 하리로다.
- 이 두 선지자가 땅에 거하는 자들을 괴롭게 한고로 땅에 거하는 자들이 저희의 죽음을 즐거워하고 기뻐하여 서로 예물을 보내리라 하더라.

'저희가 증거를 마칠 때'까지는 짐승이 그 증인들을 죽이지 못한다. 사단도 하나님이 허락하기 전까지는 머리카락 하나도 건드릴 수 없다(욥1:12;2:6). 이 짐승은 마지막 날에 하나님의 백성을 대적할 적그리스도를 의미한다(계13장과 17장 참고할 것). 두 사람은 증거를 다 마친다. 사명을 다하는 것이다.

두 증인은 죽임을 당한다. 그들에 대한 경멸을 나타내기 위해 짐승들은 시체를 장사지내지 못하게 한다. 죽임을 당하자 땅에 거하는 자들이 기뻐한다. 두 선지자의 시신은 3일반 동안 세상의 모든 사람들이 볼 수 있도록 전시된다. 시신은 주님이 못 박히신 곳, 곧 예루살렘에 전시될 것이다(8절). 그곳은 부도덕성 때문에 소돔이라 불리고, 그 세속성 때문에 또한 애굽이라 불린다. 큰 성은 하나님께 대항하는 악의 세력을 상징한다. 소돔은 도덕적으로 타락한 상태를 상징하는 대표적인 성읍이다. 애굽은 압제와 굴욕을 상징한다.

교회는 이방인의 수가 찰 때까지, 곧 복음이 땅 끝까지 다 증거될 때 무저갱으로부터 올라오는 짐승, 곧 적그리스도로부터 훼방을 받아 복음 전파 활동이 중지되고 교회는 문을 닫는다. 십자가의 죽음으로 예수님의 활동이 중지된 것처럼 교회의 활동도 마지막 대환란의 기간을 맞아 중단된다.

4. 살아나 승천한 두 증인

- 사흘 반 후 하나님께로부터 생기(breath)가 저희 속에 들어가매 저희가 발로 일어서니 구경하는 자들이 크게 두려워하더라.
- 하늘로부터 큰 음성이 있어 이리로 올라오라 함을 저희가 듣고 구름을 타고 하늘로 올라가니 저희 원수들도 구경하더라.

3일반 후 하나님의 생기가 두 선지자 속에 들어가 소생하게 된다. 무덤에 계신 예수님이 3일 만에 갑자기 부활하듯 하늘에서 "올라오라"라는 명령을 듣고 전 교회가 부활한다. 죽은 그들이 부활해 승천한다. 대적을 비롯해 많은 사람들이 이 모습을 보고 크게 두려워하게 된다.

구름을 타고 하늘로 올라가는 것을 신학자들은 공중 휴거(rapture)로 간주하기도 한다. 대환란이 한참 진행되는 도중 갑자기 주님이 재림하시고 성도는 하늘로 들려 올림을 받는다는 것이다. 이때 마태

복음 24장 21절에 나오는 환란의 감면이 적용된다.

5. 큰 지진

- 그 시(hour)에 큰 지진이 나서 성 10분의 1이 무너지고 지진에 죽은 사람이 7천
- 그 남은 자들이 두려워 영광을 하늘의 하나님께 돌리더라.
- 둘째 화는 지나갔으나 보라 셋째 화가 속히 이르는도다.

바로 그때에 큰 지진이 나서 성 십분의 일이 무너지고 지진으로 7천 명이 죽게 된다. 남은 자들이 하나님께 영광을 돌린다. 이로써 둘째 화가 지나가고 셋째 화가 곧 이른다. 셋째 화는 악한 자들에 대한 심판이다.

6. 7째 나팔

- 7째 천사가 나팔을 부니 하늘에 큰 음성들이 나서 가로되 "세상 나라가 우리 주와 그리스도의 나라가 되어 그가 세세토록 왕 노릇하시리라" 하니
- 24장로들이 엎드려 얼굴을 대고 하나님께 경배하며 "감사하옵나니 옛적에도 시방도 계신 주 하나님 곧 전능하신이여 친히 큰 권능을 잡으시고 왕 노릇하시도다 이방들이 분노하매 주의 진노가 임하여 죽은 자를 심판하시며 종 선지자들과 성도들과 또 무론대소하고 주의 이름을 경외하는 자들에게 상주시며 또 땅을 망하게 하는 자들을 멸망시키실 때로소이다." 하더라.

• 이에 하늘에 있는 성전이 열리니 성전 안에 하나님의 언약궤가
보이며 또 번개와 음성들과 뇌성과 지진과 큰 우박이 있더라.

이와 함께 7째 천사가 나팔을 분다. 15~16장에 쏟아질 7대접의
재앙을 준비하는 것이다. 예수 그리스도는 세상과 악한 존재들을 최
종적으로 심판하신다. 세상의 권세는 다 무너지고 오직 그리스도만
이 영원토록 다스리는 때가 온다. 성도들을 핍박하던 악인들은 멸망
하며 끝까지 믿음을 지킨 성도들은 상급을 얻게 될 때까지 인내해야
한다.

일곱 표적의 계시를 받기 전 열린 성전의 환상을 본 것은 우주와
만물을 통치하시는 하나님에 대한 신앙을 새롭게 해주신다. 열린 성
전 안에 바벨론 포로 이후 잃어버렸던 언약궤가 하늘 성전에 보인
다. 잃었던 언약궤도 회복게 하신다.

✳ 생각해볼 문제: 언약궤

구약의 언약궤는 조각목(皂角木)으로 만들었다(신10:1,2). 조각목은
싯딤나무로 가시나무(acasia wood) 과에 속해 있다. 하나님은 이 나
무를 이용해 법궤뿐 아니라 성막의 널판, 단, 기둥 등을 만드는 데
사용했다.

조각목은 다음과 같은 특색이 있다.

첫째, 이 나무는 귀한 나무가 아니라는 사실이다. 사막에 흔하게
널려 있기 때문이다. 이것은 하나님이 쓰시면 거룩해질 수 있다는
것을 가르쳐 준다. 하나님이 잡고 쓰시면 뭐든지 할 수 있다.

둘째, 이 나무는 사막의 더위와 추위를 견디며 자라온 나무이다.
혹독한 역경 가운데 자란 나무다. 하나님은 역경 가운데서 훈련된

인물을 사용하신다.

셋째, 이 나무는 또한 좀처럼 썩지 않는다는 특색이 있다. 변질되지 않는 것은 신앙의 순수성을 지키는 것과 연관된다.

이 조각목의 특성은 그리스도의 인성을 잘 나타내고 있다. "그는 주 앞에서 자라나기를 연한 순 같고, 마른 땅에서 나온 줄기 같아서 풍채도 없은즉 우리 보기에 흠모할 만한 아름다운 것이 없도다."(사 53:2). 그러나 세상에 오셔서 온갖 역경을 극복하셨으며, 하나님의 뜻을 온전히 이루셨다.

언약궤는 백성들 사이에 임재하시는 하나님의 보좌로 상징되고 있다. 신약에서는 그의 백성들에 대해 언약을 잊지 않는 하나님의 신실하심을 상징한다.

제13장 요한계시록 12장: 여자의 해산과 붉은 용

1. 예수의 생애: 해를 입은 여자가 낳은 아이와 용의 훼방

- 하늘에 큰 이적이 보이니 해(sun)를 입은(clothed) 한 여자가 있는데 그 발아래는 달이 있고 그 머리에는 12별의 면류관을 써
- 이 여자가 아이를 배어 해산하게 되매 아파서 애써 부르짖어
- 하늘에 또 다른 이적이 보이니 큰 붉은 용이 있어 머리가 일곱이요 여러 머리에 7면류관이 있고 뿔이 10
- 그 꼬리가 하늘 별 3분의 1을 끌어다가 땅에 던져
- 용이 해산하려는 여자 앞에서 그가 해산하면 그 아이를 삼키고자 하나
- 여자가 아들을 낳으니 그 아이를 하나님 앞과 그 보좌 앞으로 올려가 이는 철장(iron rod)으로 만국을 다스릴 남자라
- 그 여자가 광야로 도망하니 거기서 1,260일 동안 저를 양육하기 위해 하나님의 예비하신 곳에 있어

해를 입은 여인은 이스라엘 또는 이스라엘 영광을 나타낸다(렘 2:2;3:14;사54:4-6). 해·달·별은 요셉의 꿈을 배경으로 이스라엘 민족을 상징한다(창37:5-11, 요셉의 가족). 여인의 아들은 예수 그리스도시다. 옛 뱀은 그의 탄생을 가로막고자 했다. 아브라함의 부름과 함께 탄생한 이스라엘이 그때로부터 베들레헴에서 그리스도가 탄생한 날까지 한 민족으로서 경험했던 아픔을 생각해보라. 뱀이 여인의 후손을 미워한 것은 창세기 3장 15절에 소개되어 있다. 그것이 또한 여인과 여자의 남은 자손까지 사단이 미워한 이유이다.

이 여인은 계속 출산의 고통에서 벗어나려고 애를 쓰고 있다. 용은 그 아이를 삼키고자 해산을 기다리고 있다. 용은 고대인들의 신화에 많이 등장하고 있다. 구약에서 용은 이스라엘과 하나님의 원수로서 은유적으로 묘사되고 있다(시74:14;사27:1;겔29:3). 이것은 헤롯 대왕이 베들레헴 유아를 학살한 사건을 연상케 한다.

여인은 결국 아이를 낳게 되고, 아이를 양육하기 위해 광야로 도망한다. 여인이 광야로 피신한 기간이 1,260일이다. 이 날들은 바다에서 나온 짐승이 활동하는 42개월과 같다. 핍박 가운데서도 그리스도인은 하나님이 특별히 예비하신 곳에서 보호를 받는다.

✱ 생각해볼 문제: 일곱 머리를 가진 큰 붉은 용

하나님을 대적하는 사단은 다양한 이름으로 불린다.

(1) 큰 붉은 용(계12:3): 크다는 것은 큰 권세를 가졌음을 말하고, 붉은 것은 살해자이기 때문이며, 용이라 함은 패역함 때문이다.

(2) 옛 뱀(계12:9): 에덴동산 때부터 인간을 타락게 한 존재라는 의미다.

(3) 마귀(계12:9): 참소하는 자이다.

(4) 사단(계12:9): 우리의 대적자이다.

(5) 천하를 꾀는 자(계12:9): 사람뿐 아니라 천사들까지 속인다.

(6) 여자의 박해자(계12:4)

(7) 그리스도를 증오하는 자(계12:17)

그들이 하는 일은 다음과 같다.

(1) 성도를 밤낮 참소(계12:10)

(2) 욕심쟁이(요8:44)

(3) 살인자(요8:44)

(4) 거짓말쟁이(요8:44)

(5) 시기와 다툼(약3:14-16)

(6) 교만(딤전3:6;겔28:13-17)

(7) 흑암의 권세(엡6:12;골1:13)

(8) 혼미케 함(고후4:4)

(9) 의심, 염려(벧전5:7-8)

(10) 교회 핍박(계12:13)

2. 하늘 전쟁: 미가엘과 용

- 하늘에 전쟁이 있으니 미가엘과 그의 사자들이 용과 그의 사자와 싸워

- 용과 그 사자들이 이기지 못하여 다시(그 이상) 하늘에서 저희 있을 곳을 얻지 못한지라

- 큰 용이 내어 쫓기니 옛 뱀 곧 마귀라고도 하고 사단이라고도 하는 온 천하를 꾀는 자라

- 땅으로 내어 쫓기니 그의 사자들도 저와 함께 내어 쫓기니라.

미가엘은 천사장으로서 천상의 전투에서 사단을 격퇴시킨 천사이다. 다니엘 12장 1절은 마지막 날에 대환란으로부터 이스라엘을 구원할 이스라엘의 보호자로서 묘사되고 있다.

3. 하늘의 큰 음성

- 또 들으니 하늘에 큰 음성이 나서 가로되
"이제 우리 하나님의 구원과 능력과 나라와 그의 그리스도의 권세가 이루었으니 우리 형제를 참소하던 자(우리 하나님 앞에서 밤낮 참소하던 자)가 쫓겨났고 우리 형제가 어린양의 피와 증거하는 말을 인하여 저를 이기었으니 그들은 죽기까지 자기 생명을 아끼지 아니하였도다. 그러므로 하늘과 그 가운데 거하는 자들은 즐거워하라. 그러나 땅과 바다는 화 있으리니 마귀가 자기의 때가 얼마 못 된 줄 알고 크게 분 내어 너희에게 내려갔음이라."

'우리 형제가 어린양의 피와 증거하는 말을 인하여 이기었으니.' 하나님의 백성은 그리스도의 대속의 죽음으로 사단을 이긴다. 어린양의 보혈로 사단의 공격을 이길 수 있다. 사단은 더 이상 하나님 앞에서 성도들을 중상 모략할 수 없다.

4. 핍박하는 용과 핍박당하는 여자

- 용이 자기가 땅으로 내어 쫓긴 것을 보고 남자를 낳은 여자를 핍박
- 그 여자가 큰 독수리의 두 날개를 받아 광야 자기 곳으로 날아가
- 거기서 그 뱀(용)의 낯을 피하여 한 때(a time)와 두 때(times)와 반 때(half a time)를 양육받으매
- 여자 뒤에서 뱀(용)이 그 입으로 물을 강같이 토하여 여자를 물에 떠내려가게 하려 하되
- 땅이 여자를 도와 그 입을 벌려 용의 입에서 토한 강물을 삼키니

- 용이 여자에게 분노하여 돌아가 그 여자의 남은 자손 곧 하나님의 계명을 지키며 예수의 증거를 가진 자들로 더불어 싸우려 바다 모래 위에 섰더라.

이 표적들은 예수의 생애를 생각게 하는 것으로, 말세에 교회가 받을 고난을 그리스도가 받은 고난과 함께 제시해준다. 여기서 그리스도인들에게 요구되는 것은 사단의 교활한 방해 작업을 인내로 극복하는 일이다.

제14장 요한계시록 13장: 적그리스도

1. 바다에서 나온 짐승

- 내가 보니 바다에서 한 짐승이 나오는데 뿔이 10, 머리가 7. 그 뿔에는 10면류관이 있고 머리들에는 참람한(blasphemous) 이름들이 있어.
- 내가 본 짐승은 표범과 비슷하고 그 발은 곰의 발 같고, 그 입은 사자의 입 같은데
- 용이 자기의 능력과 보좌와 큰 권세를 그에게 주었더라.
- 그의 머리 하나가 상하여 죽게 된 것 같더니 그 죽게 된 상처가 나으니 온 땅에 이상히 여겨 짐승을 따르고 용이 짐승에게 권세를 주므로 용에게 경배하며 짐승에게 경배하여 가로되 "누가 이 짐승과 같으뇨. 누가 능히 이로 더불어 싸우리요." 하더라
- 짐승이 큰 말과 참람된 말하는 입을 받고 또 42달 일할 권세를 받아
- 짐승이 입을 벌려 하나님을 향해 훼방하되 그의 이름과 그의 장막 곧 하늘에 거하는 자들을 훼방
- 또 권세를 받아 성도들과 싸워 이기게 되고
- 각 족속, 백성, 방언, 나라를 다스리는 권세를 받으니 죽임을 당한 어린양의 생명책에 창세 이후로 녹명(written)되지 못하고 이 땅에 사는 자들은 다 짐승에게 경배하리라.
- 누구든지 귀 있는 자는 들을지어다. 사로잡는 자는 사로잡힐 것이요 칼로 죽이는 자는 자기도 마땅히 칼에 죽으리니 성도들의 인내와 믿음이 여기 있느니라.

바다에서 나온 표범 같은 짐승은 용의 부하로 하나님의 이름과 하늘 거주자들을 훼방하며 땅의 성도들을 박해하고 자기를 경배하게 한다. 이 짐승을 황제숭배를 강요하던 로마황제로 보기도 한다. 또한 마지막 날에 나타날 적그리스도로 보기도 한다. 이런 상황에서도 성도들에게 필요한 것은 인내와 믿음이다.

2. 땅에서 나온 짐승: 거짓 어린양, 거짓 선지자

- 내가 보니 또 다른 짐승이 땅에서 올라오니 새끼 양같이 두 뿔이 있고 용처럼 말해
- 저가 먼저 나온 짐승의 모든 권세를 그 앞에서 행하고 땅과 땅에 거하는 자들로 처음 짐승에게 경배하게 하니 곧 죽게 되었던 상처가 나은 자니라.
- 큰 이적을 행하여 심지어 사람들 앞에서 불이 하늘로부터 땅에 내려오게 하고
- 짐승 앞에서 받은바 이적을 행함으로 땅에 거하는 자들을 미혹하며 땅에 거하는 자들에게 이르기를 "칼에 상하였다가 살아난 짐승을 위해 우상을 만들라" 하더라.
- 저가 권세를 받아 그 짐승의 우상에게 생기를 주어 그 짐승의 우상으로 말하게 하고 짐승의 우상에게 경배하지 아니하는 자는 몇이든지 다 죽이게 하더라.
- 저가 모든 자 곧 작은 자나 큰 자나 부자나 가난한 자나 자유자나 종들로 그 오른손이나 이마에 표(mark)를 받게 하고 누구든지 이 표를 가진 자 외에는 매매를 못하게 하니 이 표는 곧 짐승의 이름이나 그 이름의 수라
- 지혜가 여기 있으니 총명 있는 자는 그 짐승의 수를 세어보아

라 그 수는 사람의 수니 666이니라.

바다에서 나온 짐승의 뒤를 이어 땅에서 나온 짐승이 새로운 실력자로 등장한다. 이 짐승은 정치와 종교를 장악한 사단의 부하이다. 세속적 권세와 결탁한 종교 세력으로 보기도 한다. 거짓 선지자로 보는 것이 일반적이다.

이 짐승은 사람들의 영혼을 확실히 소유하기 위해 짐승의 표를 받게 한다. 이런 시기에 성도들에게 필요한 것은 영적 분별력이다. 표는 일차적으로 황제숭배에 대한 강요에 굴복하는 배교를 상징하며, 영적인 의미로는 마지막 날에 적그리스도가 신자들의 충성을 시험하는 마지막 시험을 상징한다. 적그리스도는 세속권력과 야합하여 잠시 성도를 박해하지만 결국 무너지고 만다. 성도는 재림의 소망을 잃지 말고 끝까지 인내할 필요가 있다.

✸ 생각해볼 문제: 666

666의 근거는 요한계시록 13장 18절이다. 이에 따르면 "지혜가 여기 있으니 총명 있는 자는 그 짐승의 수를 세어 보라 그 수는 사람의 수니 육백 육십육이니라." 이 수는 짐승의 수이자 사람의 수로 나타나 있다. 계시록 13장에는 첫 번째 짐승(1절)과 두 번째 짐승(11절)이 나타나 있는데 666이라는 숫자는 대부분 두 번째 짐승보다도 첫 번째 짐승과 연관되어 있는 것으로 보고 있다. 이 숫자는 분명히 권위 있는 표식의 하나이기 때문에 이것을 지니지 못한 사람은 매매할 수 없게 되어 있다(17절). 즉 그 짐승이 오른손에나 이마에 표(mark)를 받게 하고 누구든지 이 표를 가진 자 외에는 매매를 할 수 없도록 했으며 이 표는 짐승의 이름이나 그 이름의 수라는 것이다.

표를 받게 한다는 것은 원래 어떤 사람에 대한 소유권을 확보하고 인 친다는 뜻을 가지고 있다. 고대사회에서는 전쟁포로나 반항하는 노예들에게 표를 하여 금방 알아 볼 수 있게 하였다. 또한 유대인들은 왼 손과 이마에 기호와 표를 붙이고 다녔다(신6:8). 짐승도 이것을 모방하여 자신의 소유를 확인하고 구별하는 것이다. 그러므로 이 표를 받은 사람은 짐승에 속해 있다는 것을 알 수 있다.

역사적으로 볼 때 666은 시대에 따라 다양하게 해석되고 있다. 그 대표적인 보기를 들면 다음과 같다.

첫째, 한 개인의 수를 나타낸다는 해석이다. 아라비아 숫자가 사용되기 전에는 알파벳이 그 용도를 겸하고 있어서 음을 나타내는 글자로 사용되었을 뿐 아니라 숫자로도 사용되었다. 헬라인이나 히브리인들에게도 지금처럼 편리한 아라비아 숫자가 없었다. 그래서 그들은 아라비아 숫자를 갖기까지 자신들의 알파벳을 숫자로 사용하였다. 보기를 들어 헬라어 알파벳은 알파, 베타, 감마 등으로 시작된다. 그들에게 있어서 알파는 1, 베타는 2, 감마는 3을 의미한다. 이 경우 합하여 666이 되는 단어를 쉽게 추론할 수 있다.

666을 해석할 때 가장 오래된 해석은 알파벳 단어의 합이 666이 되는 사람일 것으로 보는 것이다. 사람의 수로 언급되고 있는 짐승의 수는 고대사회에서 통상적으로 사용되었던 암호 형식의 한 본보기로 간주되는 것으로 한 사람의 이름이 알파벳의 총합으로 나타냈다. 18절에 언급된 사람의 수는 문자적으로는 '한 개인의 수(arithmos anthropou)'를 나타낸다. 이를 미루어 볼 때 어떤 한 인물일 가능성이 높다. 이 경우 어떠한 이름이든지 각 문자가 의미하는 수를 합하여 '한 사람의 수'를 나타내면 된다. 역사적으로 볼 때 대개의 경우 적그리스도라고 생각되는 인물을 여기에 적용하고자 했다. 이 가운데는 네로, 모하메드, 교황, 나폴레옹, 심지어는 히틀러까지 거론되기도 했다.

가장 보편적으로 널리 제시되었던 이 암호의 해답은 네로 황제였다. 헬라어 '네론 카이사르(Neron Kaisar)'의 히브리 알파벳(NRONK-RS)의 총합이 666이기 때문이다. 그러나 이것을 네로라 하기에는 문제가 있다. 왜냐하면 요한계시록은 대체로 도미시안 황제 때 기록된 것으로 추정되고 있다. 그럴 경우 도미시안 황제의 통치는 네로가 죽은 지 30년 후에나 시작되었기 때문이다. 그러나 요한계시록의 기자는 네로가 다시 살아서 나타날 것이라는 당시 로마 사회의 신앙을 이용했을 수도 있다. 도미시안 통치 아래서 어려움에 직면하게 된 그리스도인들이 자신들의 어려움을 이러한 방식으로 설명할 수 있었을 것이다. 이러한 해석이 그럴듯하게 보이기는 하지만 해석상 어려움은 그대로 남아 있게 된다. 어떤 이들은 도미시안 황제 라틴 정식 명칭을 헬라어로 축약시킨 도미시안을 666으로 보기도 한다.

루터는 교황을 666이라 했다. 교황이 쓰는 관에는 하나님의 대리자(the vicar of the son of God)라는 글자가 쓰여 있는데 그 수가 라틴어로 666수에 해당하기 때문이다.

현재 우리는 누가 666인가는 알 수 없다. 그저 그때그때마다 추론할 뿐이다. 종종 주석가들은 그 짐승의 숫자가 계시록 기록보다 후에 올 어떤 사람을 가리킨다고 주장한다. 이 사람은 비록 계시록에는 한 번도 언급되지 않지만 적그리스도로서 종말에 나타나는 사람으로 간주되었다. 이 주장에 따라 오늘날 현재 나타나는 중요한 정치 종교 군사 지도자들도 그 숫자의 주인공으로 등장한다. 그러나 최후의 날 적그리스도가 나타날 때 우리는 그가 누구인지를 확연히 알 수 있게 될 것이다.

둘째, 국가나 단체를 나타낸다는 주장이다. 666을 국가나 단체에 적용하기도 한다. 여기에 대표적으로 지적되는 것이 로마 제국이다. 폴리갑과 요한의 제자였던 이레네우스는 라틴을 가리키는 헬라어,

'라테이노스(Lateinos)'를 666으로 보았다. 이 경우 라틴어를 공식 언어로 사용하는 로마 제국이 그 대상이 된다. 아울러 로마 가톨릭 교회가 라틴어를 공식어로 사용했기 때문에 가톨릭교회나 교황이 지칭되기도 했다. 가톨릭교회가 지칭되는 경우 성경학자들은 교황무오설을 요한계시록 13장 6절에 나오는 '짐승이 입을 벌려 하나님을 향해 훼방하되'에 해당한 것으로, 그리고 짐승이 '권세를 받아 성도들과 싸워 이기게 되고'(7절)를 중세 때 수많은 성도가 가톨릭교회의 박해로 순교당한 것으로 해석한다. 더 최근에는 국제적인 기구들을 들어 666이라 하기도 했다. 그러나 여러 주장 가운데 요한계시록이 그리스도인들에 대한 로마 제국의 박해를 서술하고 있다는 점에서 무엇보다 로마 제국이 가장 우세한 것으로 간주되고 있다.

셋째, 상징적인 것으로 해석하려는 주장이다. 이 주장은 숫자가 한 개인의 수나 그 개인의 이름과 연관되어 있다기보다 '인류의 수'이거나 '인간들의 수'로 생각되어야 한다는 것이다. 이 주장에 따르면 666은 계시록에 나타난 다른 숫자들과 같은 종류로서 상징적으로 해석되어야 한다는 것이다. 이 경우 6은 계시록에서 완전을 상징하는 7보다 하나가 모자라기 때문에 666은 불완전이 합해진 것으로 짐승의 숫자를 거절하였던 하나님의 백성을 제외한 모든 인류들에게 주어지는 하나의 인식표로 볼 수 있다는 것이다. 이 경우 666은 완전개념인 7과 정반대되는 개념을 갖는다. 따라서 짐승의 이름이 무엇이든지 간에 그 이름의 수는 실패와 불완전을 나타낸다. 짐승은 겉보기에는 성공하는 것 같으나 근본적으로는 완전히 실패한다.

넷째, 판매 표식이라는 주장이다. 과학과 자본주의가 발달하면서 666의 해석도 상품자본주의식으로 달라지고 있다. 1992년 10월 예수님이 공중 재림한다고 주장했다가 공수표를 날린 다베라 선교교회(하방익)는 666을 레이저로 읽어서 계산하게 되는 바코드(bar code)

로 간주하고 이를 사단의 보증 인감 또는 사탄의 표라 하였다. 1992년 나팔절에 휴거를 외쳤던 하나님의 성회 반석중앙교회 정동호도 바코드를 666이라 주장했다. 또한 COC선교회 목회자 기도모임이라는 곳에서는 '666표는 상징이 아니다.'라는 제목의 신문광고를 통해 바코드를 받으면 영영 지옥행이라고 주장하고 있다. 그들의 주장에 따르면 세계경제는 바코드를 통해 통제되고 있다는 것이다.

바코드는 상품의 국적에서부터 제조원, 제조일, 가격 등을 막대금으로 나타낸 것이다. 그들은 시작, 진행, 종료를 나타내는 각각의 코드를 모두 6으로 읽는다는 데서 바코드는 666이라고 한다. 그러나 실제에 있어서 시작 진행 종료를 나타내는 바코드는 각각 6을 나타내는 막대숫자가 아니라 다만 시작 진행 종료를 각각 두 실선으로 나타낸 것일 뿐이다.

그들은 이 바코드가 매매수단이라는 데 주목을 하고 있다. 이것은 계시록 13장 17절 '이 표를 가진 자 외에는 매매를 못하게 하니'에 따른 것이다. 바코드를 이용한 판매방식이 늘어가고 있어 바코드가 없으면 판매가 되지 않을 것으로 보는 것이다. 그러나 실제에 있어서는 바코드가 없다 하더라도 계산이 가능하도록 되어 있다는 것을 잊어서는 안 된다.

그들은 서독 정부가 인구센서스 때 모든 독일인에게 바코드를 부여하려고 했던 것, 모든 인간에게 바코드를 이마나 손에 새겨 신분확인용으로 사용하려는 시도들에 대해서 경고하고 있다. 그들은 세계정부주의자들이 바코드를 통해 모든 인간을 경제적으로나 정치적으로 통제하려 하고 있다고 비난하고, 심지어 경제적 통합을 이루고 앞으로 정치적 통합까지 지향하는 EU의 대통령을 적그리스도로 간주하고 있다.

단순히 편의를 위해 사용되고 있는 바코드를 666으로 보는 자체

마저 설득력이 없을 뿐만 아니라 666을 영적인 숫자이며 상징이라고 가르치는 것에 대해 정죄하는 것은 문제가 아닐 수 없다. 짐승의 수 666을 문자 그대로 해석해 바코드 등으로 받아들여야 할 이유는 전혀 없다. 1세기의 그리스도인들이 어떻게 바코드에 관한 메시지를 격려와 위로의 계시로 받아들일 수 있겠는지 생각해보라.

이 밖에도 6에 관련된 것을 들어 666의 의미를 강화하기도 한다. 보기를 들어 골리앗의 신장이 6큐빗으로 6경 갑옷을 입었다거나 느브갓네살의 우상 높이가 60큐빗, 폭이 6큐빗이고, 그 앞에서 6악기로 연주되었거나 하는 것 등이다. 이 경우 골리앗이나 느브갓네살은 적그리스도의 그림자로 해석된다. 심지어 컴퓨터의 글자를 합한 숫자가 666이라기도 한다.

666에 대한 해석은 시대에 따라 달랐다. 로마시대 때 666은 네로, 도미시안, 로마 제국 자체 등으로 해석되었으며, 종교개혁시대에는 교황이나 로마 가톨릭 교회로 간주되기도 했다. 세계대전 때는 히틀러를 666으로 간주했다. 시대마다 증오의 대상을 666으로 본 것이다. 현재에 와서는 바코드를 666으로 보는가 하면 컴퓨터 자체마저 666으로 간주한다. 매매에 편리하도록 하거나, 인식의 편의를 위해 만들어진 바코드나 전자장치일 뿐인 그것을 666으로 간주하는 것이다. 이러한 모든 해석들은 모두 인간의 자의적인 것일 뿐이다. 성경은 그 어느 것이 666이라고 말하지 않는다. 다만 666은 하나님을 대적하는 세력이요 하나님의 백성을 괴롭히는 존재라는 것을 명확히 했을 뿐이다. 시대마다 하나님을 대적하는 세력들이 있었을 것이고 하나님 나라의 확장을 막는 세력들이 있었을 것이다. 그러한 세력들을 666이라 해도 결코 지나침은 없다. 그러나 더 확실한 것은 환란 날에 더욱 기승을 부리는 적그리스도들이 있을 것이고 우리는 두 눈으로 그들의 모습을 보게 되리라는 사실이다. 그때 우리는 666을 따로 계산할 필요도 없을 것이다. 그렇다고 바코드가 666이니 컴퓨터가 666이니 하는 것은 문제가 아닐 수 없다. 주민등록증이나 면허증 없이 살 수 없는 세상이 온다면 그것을 666으로 보지 않으리라는 법도 없다. 그것이 과연 하나님을 대적하는 것과 무슨 상관이 있는가. 666이라고 말할 때는 그 사람이나 단체가 하나님을 대적하고 있는가를 물어야 한다. 그것만이 666을 가리는 기준이 될 뿐이다.

요한계시록은 "누구든지 짐승과 그 우상에게 경배하고 이마에나 손에 표를 받으면 그도 하나님의 진노의 포도주를 마시리니"(계 14:9-10)라고 확실히 가르쳐 주고 있다. 666의 표를 받지 말라는 것이다. 이것은 우리가 사단에 속해서는 안 된다는 것을 말한다. 우리가 속할 곳은 하나님이지 결코 사단이 아니다.

제15장 요한계시록 14장: 어린양과 추수

1. 시온 산에 선 어린양과 14만 4천

- 내가 보니 어린양이 시온 산에 섰고
- 그와 함께 14만 4천이 섰는데 그 이마에 어린양의 이름과 그 아버지의 이름을 쓴 것이 있어
- 하늘에서 나는 소리가 많은 물소리나 큰 뇌성 같은데 내게 들리는 소리는 거문고 타는 소리 같아
- 저희가 보좌와 4생물과 장로들 앞에서 새 노래를 부르니
- 땅에서 구속함을 받은 14만 4천 인 외에는 능히 이 노래를 배울 자가 없더라.
  이 사람들은 여자로 더불어 더럽히지 아니하고 정절이 있는 자라 어린양이 어디로 가든지 따라 가는 자며 사람 가운데서 구속을 받아 처음 익은 열매로 하나님과 어린양에게 속한 자들이니 그 입에 거짓말이 없고 흠이 없는 자들이더라.

시온산은 다윗 왕국의 상징이다. 여기서는 하나님이 다스리는 보좌를 의미한다. 시온 산은 예루살렘 곁에 있는 요새로, 다윗의 무덤과 마가의 다락방이 있는 곳이다. 성경에서는 예루살렘과 동일시된다. 계시록에서는 하늘의 예루살렘을 지칭한다. 이곳은 하나님과 그의 백성들이 영원히 거하게 될 천국을 상징한다. 본문의 시온 산은 하늘나라 및 왕국을 의미한다.

14만 4천은 예수를 믿고 구원을 받는 상징적 숫자이다. '더럽히지 아니하고'는 이방종교에 물들지 않고 끝까지 신앙을 지킨 자를 말한다.

✱ 생각해볼 문제: 14만 4천의 찬양

14만 4천의 성도들이 보좌 앞에서 노래를 부른다는 것은 모든 원수들이 사라질 날이 온다는 것을 예고한다. 그날은 주님 재림의 날이다. 그날의 기쁨은 세상의 그 어떤 기쁨과 비교할 수 없다. 그 기쁨은 큰 능력으로 나타나 우리의 생각과 삶의 양태를 바꿔놓는다. 그 기쁨은 승리의 기쁨이다. 시온산에 서신 어린양을 보라. 죄와 죽음을 극복하고, 인간의 모든 허물을 극복하신 모습. 어린양의 승리는 믿는 자 모두의 승리이다.

그 기쁨은 함께 나누는 기쁨이다. 나 하나만의 기쁨이 아니라 함께 춤을 추는 기쁨이다. 그 기쁨은 영원한 기쁨이다. 월드컵의 기쁨은 한순간의 기쁨이지만 재림의 기쁨은 영원한 기쁨이다. 하늘나라에서는 세상적 시간을 초월한다. "하나님의 통치는 영원하시도다." 한번 시작된 기쁨은 영원히 계속된다.

구속받는 모든 자는 하나님을 찬양하는 새 노래를 부른다. 하나님은 공의를 세우시는 분이며 압제로부터 구원하시는 자시라는 것이다 (계14:3). 그러므로 이 새 노래는 아무나 부를 수 있는 노래가 아니다. 구속의 체험이 있는 자가 부를 수 있다. 이 노래를 부르기까지 우리는 믿음의 정절을 지켜야 한다.

2. 영원한 복음을 가지고 심판을 예고하는 첫째 천사

• 또 보니 다른 천사가 공중에 날아가는데 땅에 거하는 자들 곧 여러 나라와 족속과 방언과 백성에게 전할 영원한 복음을 가졌더라.
• 그가 큰 음성으로 가로되
  "하나님을 두려워하며 그에게 영광을 돌리라 이는 그 심판하실 시간이 이르렀음이니 하늘과 땅과 바다와 물들의 근원을 만드신 이를 경배하라.” 하더라.

하나님은 땅에 거하는 자들, 곧 세상 사람들이 복음을 받아들이고 구원을 얻도록 천사를 보내 계시를 확증하신다. 첫째 천사는 하나님을 떠난 자들에게 임할 임박한 심판을 경고하며 회개를 촉구한다. 여기서 전도자가 사람이 아니라 천사인 것은 메시지의 신적 권위를 강조하기 위해서다.

3. 바벨론 성의 무너짐을 예고하는 둘째 천사

• 또 다른 천사 곧 둘째 천사가 그 뒤를 따라 말하되
“무너졌도다. 큰 성 바벨론이여 모든 나라를 그 음행으로 인하여 진노의 포도주를 먹이던 자로다.”

둘째 천사는 큰 성 바벨론의 멸망이 이미 임한 것처럼 선포하고 있다. 고대 바벨론은 상업과 우상숭배의 중심지이며, 사치와 타락의 표상이다. 큰 성 바벨론은 다니엘서 4장 30절에서 도입된 말이다. 계시록에서는 그리스도에 적대적인 태도를 취한 로마를 지칭한다. 어떤 이는 그리스도께 속하지 않은 세상의 모든 정치와 종교를 지칭한다고 본다.

4. 짐승과 우상을 숭배한 자들에게 진노를 예고하는 셋째 천사

• 또 다른 천사 곧 셋째가 그 뒤를 따라 큰 음성으로 가로되

"만일 누구든지 짐승과 그 우상에게 경배하고 이마에나 손에 표를 받으면 그도 하나님의 진노의 포도주를 마시리니 그 진노의 잔에 섞인 것이 없이 부은 포도주라 거룩한 천사들과 어린양 앞에서 불과 유황으로 고난을 받으리라 그 고난의 연기가 세세토록 올라가 누구든지 밤낮 쉼을 얻지 못하리라." 하더라.

- 성도들의 인내가 여기 있나니 저희는 하나님의 계명과 예수의 믿음을 지키는 자니라.

셋째 천사는 거짓 선지자에게 현혹된 불신자들이 영원한 지옥의 형벌을 받게 될 것을 경고하고 있다. 짐승과 우상을 숭배하고 666표를 받은 자들에 대한 심판을 경고한 것이다.

하나님이 이처럼 세 천사를 보낸 것은 심판이 임박했음을 경고하고, 이 일이 확실히 이루어진다는 것을 강조하기 위한 것이다.

5. 말세에 받을 둘째 복

- 또 내가 들으니 하늘에서 음성이 나서 "기록하라 지금 이후로 주 안에서 죽는 자들은 복이 있도다." 하시매
- 성령이 가라사대 "그러하다. 저희 수고를 그치고 쉬리니 이는 저희의 행한 일이 따름이라."

세상은 살아 있는 자가 복이 있다고 말한다. 그러나 그리스도인에게는 주 안에서 죽는 것이 복이 있다. 하늘나라에서 상을 받고 영원히 주님과 함께 살기 때문이다. 구원받지 못한 자들에게 있어서 이 세상은 유일한 천국이지만 구원받은 자들에게 있어서 이 세상은 그들이 경험해야 할 유일한 지옥이다.

6. 알곡 추수(성도 구원)

- 또 내가 보니 흰 구름이 있고 구름 위에 사람의 아들과 같은 이가 있는데 머리에는 금 면류관이 있고 그 손에는 이(利)한(sharp) 낫을 가졌더라
- 또 다른 천사가 성전으로부터 나와 구름 위에 앉은 이를 향해 큰 음성으로 외치매
  "네 낫을 휘둘러 거두라. 거둘 때가 이르러 땅에 곡식이 다 익었음이라." 하니
- 구름 위에 앉으신 이가 낫을 땅에 휘두르며 곡식이 거두어지니라.

땅의 곡식에 대한 추수는 알곡 추수로 성도의 구원을 상징한다.

7. 포도추수(불신자 심판)

- 또 다른 천사가 하늘에 있는 성전에서 나오는데 또한 이한 낫을 가졌더라.
- 또 불을 다스리는 다른 천사가 제단으로부터 나와 이한 낫을 가진 자를 향해 큰 음성으로 불러 가로되 "네 이한 낫을 휘둘러 땅의 포도송이(포도나무)를 거두라. 그 포도가 다 익었느니라." 하더라.
- 천사가 낫을 땅에 휘둘러 땅의 포도를 거두어 하나님의 진노의 큰 포도주 틀에 던지니 성 밖에서 그 틀이 밟히고 틀에서 피가 나서 말굴레까지 닿았고 1600스다디온(stadia, 한 스다디온은 로마자로 606척) 퍼졌더라.

위의 구름 위에 앉은 이를 천사로 볼 수 있다면 4명의 천사가 등장한다. 날카로운 낫을 가지고 구름 위에 앉은 천사, 성전으로부터 나와 추수를 명령하는 천사, 제단으로부터 나온 불을 다스리는 천사, 그리고 이한 낫을 가지고 땅의 포도주를 거두어 진노의 포도주 틀에 던지는 천사이다. 구약에서 포도주 틀은 여호와의 진노가 행사되는 모습을 의미한다.

포도송이를 거두는 것은 악인에 대한 최후의 심판을 보여준다. 여기서 포도는 불신자를, 추수는 그들에 대한 심판을 의미한다. 악인들의 피가 1,600스다디온, 곧 340㎞ 반경에 퍼졌다는 것은 이 세상에 대한 하나님의 진노가 얼마나 크고 심각할까를 말해준다. 이 부분에 대해서는 계시록 19장이 더 분명히 보여준다.

제16장 요한계시록 15장: 일곱 대접 재앙의 준비

1. 일곱 재앙을 가진 7천사

- 하늘에 크고 이상한 다른 이적을 보니 7천사가 7재앙을 가졌으니
- 곧 마지막 재앙이라 하나님의 진노가 이것으로 마치리라.

불신자들과 핍박자들이 최후 심판을 받기 전에 먼저 땅 위에서 받을 재앙을 기록하고 있다. 이 재앙들이 앞의 나팔 재앙과 다르다. 나팔 재앙은 부분적이고 일시적이라면, 앞으로 있을 대접 재앙은 전 세계적이고 최종적이다.

2. 승리자의 경배: 하나님의 거문고로 찬양하는 자들

- 또 내가 보니 불이 섞인 유리 바다 같은 것이 있고 짐승과 그 이름의 수를 이기고 벗어난 자들이 유리 바닷가에 서서
- 하나님의 거문고를 가지고 하나님의 종 모세의 노래, 어린양의 노래를 부르되
  "주 하나님 곧 전능하신 이시여 하시는 일이 크고 기이하시도다. 만국의 왕이시여 주의 길이 의롭고 참되시도다. 주여 누가 주의 이름을 두려워하지 아니하며 영화롭게 하지 아니하오리까. 오직 주만 거룩하시니이다. 주의 의로우신 일이 나타났으매 만국이 와서 주께 경배하리이다." 하더라.

모세의 노래는 출애굽기 15장 1-18절에 소개되어 있다. 이 노래는 회중이 애굽으로부터 구원을 베푸신 여호와를 송축하는 내용을 담고 있다. 이것은 신약에서 그리스도의 구원하심을 송축하는 '어린양의 노래'(3)와 그 내용 면에서 같다(시22편).

3. 진노를 가득히 담은 7금 대접

- 이 일 후 내가 보니 하늘에 증거 장막의 성전이 열리며 7재앙(7 plagues)을 가진 7천사가 성전으로부터 나와 맑고 빛난 세마포 옷을 입고 가슴에 금띠를 띠고
- 4생물 중 하나가 세세에 계신 하나님의 진노를 가득히 담은 7금 대접을 7천사에게 주니
- 하나님의 영광과 능력을 인하여 성전에 연기가 가득 차게 되매 7천사의 7재앙이 마치기까지는 성전에 능히 들어갈 자가 없더라.

새로운 계시가 시작될 때마다 요한은 하나님이 계신 곳을 먼저 본다. 여기서도 마찬가지다. '연기가 가득 차게 되매.' 연기는 하나님의 권능과 영광을 상징한다(출40:34;왕상8:10). 일곱 재앙이 다 마치기 전까지 성전에 가득 찬 영광 때문에 아무도 들어갈 수 없다. 이것은 누구든 하나님께 나아가 악인들의 죄가 사해지도록 기도할 수 없다는 것을 말해준다. 그리스도인들이 붙들려 재판을 받았을 때 어떤 변호도 받지 못했던 순교자들에게 큰 위로가 될 것이다.

✻ 생각해볼 문제: 일곱 대접(seven bowls)

14만 4천 명이 하나님의 보좌 앞에서 새 노래를 부르며 두 번째

로 요한의 환상 가운데 나타나고, 하늘 한가운데 있는 천사들은 심판의 시간이 이르렀다는 소식을 알린다. 손에 낫을 든 인자가 땅의 추수를 시작하기 위해 오시고, 심판을 위해 익은 포도들은 하나님의 진노의 포도주 틀에 던져진다.

그때 일곱 천사가 일곱 대접에 담긴 마지막 재앙을 가지고 등장한다. 그 재앙들은 종기, 피, 태우는 불, 어두움, 고통, 지진, 우박, 그리고 아마겟돈이라 불리는 곳에서의 거대한 전쟁을 포함한다.

제17장 요한계시록 16장: 일곱 대접의 환난

1. 진노의 7대접을 땅에 쏟으라

- 내가 들으니 성전에서 큰 음성이 나서 7천사에게 말하되
  "너희는 가서 하나님의 진노의 7대접을 땅에 쏟으라." 하더라.

2. 첫째 대접의 재앙

- 첫째가 가서 그 대접을 땅에 쏟으매
- 악하고 독한 헌데(foul and evil sores)가 짐승의 표를 받은 사람
  들과 그 우상에게 경배하는 자들에게 나더라.

이 재앙은 출애굽기에서 바로와 그 신하들에게 내려진 독종의 재
앙을 연상케 한다. 이 재앙은 주로 짐승과 우상에게 절하여 표를 받
은 자들에게 임한다. 이 표를 받은 자는 짐승에게는 살길이 보장되
었지만 하나님의 심판은 피할 수 없다.

✽ 생각해볼 문제: 일곱 나팔과 일곱 대접의 유사점과 차이점

지역적 대상이나 순서가 같다. 그러나 내용에서는 다르다. 7나팔
은 부분적 파괴였지만 7대접은 전면적 심판이다. 7나팔은 사람과 세
계지만 7대접은 사람과 생활들이다. 그리고 7나팔은 성도가 포함되
어 있지만 7대접은 불신자뿐이다. 7대접 재앙의 시기는 교회가 휴거

하자마자 불신자들만의 세상에 임한다.

일곱 나팔과 일곱 대접의 유사점과 차이점

	일곱 나팔	일곱 대접
첫째	땅 3분의 1일 불에 탐	땅에 쏟음-악하고 독한 헌데 발생
둘째	바다 3분의 1이 파괴	바다에 쏟음-피가 되어 생물이 다 죽음
셋째	강 3분의 1이 파괴	강에 쏟음-강물이 피가 됨
넷째	천체 3분의 1이 파괴	천체에 쏟음-태양열로 사람이 죽음
다섯째	무저갱	사단의 보좌에 쏟음-공기오염
여섯째	유브라데 강 전쟁	아마겟돈 전쟁
일곱째	하늘에서 예고	큰 지진, 큰 우박

3. 둘째 대접

- 둘째가 그 대접을 바다에 쏟으매
- 바다가 곧 죽은 자의 피같이 되니 바다 가운데 모든 생물이 죽더라.

둘째 나팔의 재앙처럼 바다에 부어지나 훨씬 더 심각하며 희생이 따른다. 바다의 피로 모든 생물이 죽는다. 헬라어로는 '모든 살아 있는 영혼'이다.

4. 셋째 대접

- 셋째가 그 대접을 강과 물 근원에 쏟으매 피가 되더라.
- 물을 차지한 천사(angel of water)가 가로되
  "전에도 계셨고 시방도 계신 거룩하신 이여 이렇게 심판하시니

의로우시도다. 저희가 성도들과 선지자들의 피를 흘렸으므로 저
희로 피를 마시게 하신 것이 합당하니이다.”

셋째 나팔의 재앙처럼 강과 샘(물의 근원)에 임한다. 출애굽기의
피 재앙을 연상케 한다. 강물과 물 근원이 피가 되어 모든 사람이
피를 마시고 피로 씻는다. 이것은 성도를 박해한 보응이며 순교자들
의 기도가 이루어진 것이기도 하다(계6:9).

5. 넷째 대접

- 넷째가 그 대접을 해(sun)에 쏟으매
- 해가 권세를 받아 불로 사람을 태우니 사람들이 크게 태움에
  태워진지라
- 이 재앙들을 행하는 권세를 가지신 하나님의 이름을 훼방하며
  또 회개하여 영광을 주께 돌리지 아니하더라.

넷째 나팔의 재앙처럼 천체에 부어진다. 태양열로 사람이 타 죽는
다. 사람들이 이런 재앙을 받고도 회개하지 않고 강퍅하다. 흑암 재
앙을 받고도 회개를 거부했던 바로와 같다.

6. 다섯째 대접

- 다섯째가 그 대접을 짐승의 보좌에 쏟으니
- 그 나라가 곧 어두워지고
- 사람들이 아파서 자기 혀를 깨물고

- 아픈 것(pain)과 종기(sores)로 인해 하늘의 하나님을 훼방하고 저희 행위를 회개치 아니하더라.

다섯째 나팔의 재앙처럼 불신자들이 통증으로 고통받는다. 이 통증은 햇빛이 어두움으로 온다. 애굽에 내린 아홉째 재앙과 유사하다. 적그리스도의 어두운 정치로 인해 정신적으로나 육체적으로 고통을 받는 것으로 보기도 한다. 이런 고통에도 불구하고 역시 바로 왕처럼 회개하지 않는다.

하늘의 하나님은 세상 권세를 훼파하고, 영원한 주권을 세상 가운데 새우시는 전능자 하나님을 의미한다(단2:44).

7. 여섯째 대접

- 여섯째가 그 대접을 큰 강 유브라데에 쏟으매
- 강물이 말라서 동방에서 오는 왕들의 길이 예비되더라.
- 내가 보니 개구리 같은 세 더러운 영이 용의 입, 짐승의 입, 거짓 선지자의 입에서 나오니 저희는 귀신의 영이라 이적을 행하여 온 천하 임금들에게 가서 하나님 곧 전능하신 이의 큰 날에 전쟁을 위하여 그들을 모아
- 세 영이 히브리 음으로 아마겟돈(Armageddon)이라 하는 곳으로 왕들을 모으더라.

여섯째 나팔의 재앙처럼 거짓 선지자의 꼬임을 받아 유브라데 강을 중심으로 군대가 모여 세계 대전을 치르다가 멸망당한다. 유브라데 강이 고갈되면 많은 나라들이 아마겟돈으로 몰려와 전쟁을 벌인다.

개구리는 성경에서 부정한 동물로 분류된다(레11:10). 여기서는 마

지막 때에 사람들을 악의 길로 현혹하는 거짓 전도자를 상징한다.

아마겟돈은 '므깃도의 산'이란 의미의 히브리어 '할마게돈'에서 유래된 것으로 보인다. 그러나 이 지명이 구체적으로 어디인지에 대해서는 언급이 없다. 계시록에선 하나님에 의해 악의 세력을 완전히 멸절시키기 위해 일으킬 마지막 전쟁터를 상징한다.

✽ 생각해볼 문제: 아마겟돈

아마겟돈은 헬라어로 '하르마게돈(harmagedon)', 히브리어로 '하르 므깃돈'이다. 하르는 산으로 므깃도 산을 말한다. 계시록16장에 따르면 이곳은 '전능하신 하나님의 큰 날'에 있을 전쟁으로 인해 전 세계의 왕들이 집합하게 될 장소이다. 종말에 이곳에서 모든 악의 세력들이 하나님의 권세와 능력에 의해 최종적인 멸망을 당하게 된다.

이곳이 어느 곳일까에 대해서는 여러 해석이 있다. 일반적으로 아마겟돈은 구약시대에 유명한 전투가 많이 치러졌던 갈멜산 근처의 므깃도 평원을 암시하는 것으로 추정되고 있다. 이곳은 샤론 평야와 이스르엘 계곡 사이의 통로로 군사적 요충지였다. 바락과 드보라가 가나안 왕들을 물리치고(삿5:19), 애굽의 바로느고가 유다 왕 요시아에게 치명적인 상처를 입힌 곳이 바로 이곳이다. 또한 유다왕 아하시아가 예후를 피해 도망하다 므깃도에서 죽었다. 스가랴 12장 11절은 므깃도 골짜기의 하다드림몬에서 있었던 애통을 언급하고 있다.

므깃도는 원래 솔로몬 왕이 병거성으로 삼은 곳이다. 지금은 '텔 므깃도'라 하는데 텔은 언덕이라는 뜻이다. 이곳을 중심으로 전쟁이 많이 나서 언덕처럼 쌓였다. 현재 발굴 작업이 진행 중이며 지층이 24층으로 쌓여 있고, 1층에 백년이 걸리는 것으로 보고 있다. 마병성으로 기마병들이 자리를 잡고 있었다. 므깃도는 이스라엘 당시 3

대길, 곧 가자에서 다메석을 잇는 해안길, 산지의 족장길, 그리고 요단의 왕의 길 가운데 해안길 중간에 자리한 마병성이다. 사마리아 산지, 갈멜산, 다볼산, 길보아산을 주변으로 하는 이스르엘 평원 중앙에 자리잡고 있다. 비옥한 평원에서 보급을 받고 긴급할 때 마병을 파견하는 요충지다. 애굽의 투트모세 2세는 이곳을 얻는 것이 1000개의 성을 얻는 것과 같다 했을 만큼 중요했다. 계시록에 언급된 아마겟돈이 므깃도가 될지 다른 곳이 될지, 아니면 단지 상징적 표현이 될지는 아무도 모른다.

아마겟돈 전쟁은 다음과 같은 성격을 가진다.

(1) 인류종말의 최후 전쟁이다.

(2) 사단의 영에 의해 전쟁이 유발된다.

(3) 세계 임금이 다 참여한다.

(4) 여호와 하나님의 큰 심판이다.

8. 말세의 셋째 복

- 보라 내가 도적같이 오리니
- 누구든지 깨어 자기 옷을 지켜 벌거벗고 다니지 아니하며 자기의 부끄러움을 보이지 아니하는 자는 복이 있도다.

9. 일곱째 대접

- 일곱째가 그 대접을 공기 가운데 쏟으매
- 큰 음성이 성전에서 보좌로부터 나서 "되었다(It is done)" 하니
- 번개, 음성들, 뇌성, 큰 지진이 있어 어찌 큰지 사람이 땅에 있

어 온 후로 이같이 큰 지진이 없었더라.

• 큰 섬이 3갈래로 갈라지고 만국의 성들도 무너지니 큰 성 바벨론이 하나님 앞에 기억하신 바 되어 그의 맹렬한 진노의 포도주 잔을 받으매 각 섬도 없어지고 산악도 간 데 없어
• 또 무게가 한 달란트(hundred weight)나 되는 큰 우박(hail stones)이 하늘로부터 사람들에게 내리니 사람들이 박재(plague of hail)로 인하여 하나님을 훼방하니(cursed) 그 재앙이 심히 큼이라.

종말을 고하는 최후 심판의 일곱째 나팔 재앙처럼 일곱째 대접의 재앙으로 큰 성 바벨론이 최후의 심판을 받아 종말을 고한다. 지상 최대의 지진과 우박 심판을 받는다. 맹렬한 하나님의 진노가 50~60kg이나 되는 큰 우박처럼 내린다. 사람들은 그 절망 속에서도 하나님을 훼방할 뿐 회개하지 않는다.

제18장 요한계시록 17장: 음녀와 짐승 심판

1. 큰 음녀와 열 뿔 짐승

- 7대접을 가진 7천사 중 하나가 와서 내게 말하되
  "이리 오라 많은 물 위에 앉은 큰 음녀(great harlot)의 받을 심판을 네게 보이리라 땅의 임금들도 그와 음행하였고 땅에 거하는 자들도 그 음행의 포도주에 취하였다." 하고 곧 성령으로 나를 데리고 광야로 가니라
- 내가 보니 여자가 붉은 빛 짐승(beast) 탔는데 그 짐승의 몸에 참람된 이름들이 가득하고 7머리와 10뿔이 있으며
- 그 여자는 자주(purple)빛과 붉은(scarlet)빛 옷을 입고 금과 보석과 진주로 꾸미고 손에 금잔을 가졌는데 가증한 물건과 그 음행의 더러운 것들이 가득하더라
- 그 이마에 이름이 기록되었으니 비밀(a name of mystery)이라, 큰 바벨론(Babylon the great)이라, 땅의 음녀들(harlots)과 가증한 것들(abominations)의 어미라 하였더라.

이 음녀(세상의 도시문명)와 짐승(왕들)이 하나님의 진노를 받게 되는 첫 번째 대상이다. 사치와 향락과 여흥경기를 좋아하는 세상의 도시문명과 권력자들은 동반자이기 때문이다. 피에 굶주린 로마인들은 죄 없는 그리스도인들을 노리개 삼아 권태를 달래지 않았던가. 구약 예언자들은 세상의 도시문명을 음녀로 부르곤 했다(나3:4;사23:15-17).

음녀가 탄 붉은 빛 짐승은 적그리스도 국가이다. 일곱 머리에 열 뿔 달린 용과 바다에서 나온 일곱 머리에 열 뿔 달린 이 짐승은 기

독교를 박해하고 황제숭배를 강요한 왕들이다. 그 어떤 왕도 기독교를 박멸할 수 없으며, 왕들은 자신의 세력 기반인 세상문명을 스스로 파괴한다.

음녀의 이름은 비밀, 큰 바벨론, 땅의 음녀들과 가증한 것들의 어미다. 야만적이고, 잔인하며, 불경스러운 이 음녀는 성도의 피를 마시고, 지옥의 음란으로 옷 입으며, 세상의 부로 집을 지었다. 음녀가 입은 붉은 옷과 자주 옷, 그가 꾸민 금과 보석과 진주, 손에 든 금잔 등은 얼마나 사치했는가를 보여준다. 음녀는 그것으로 음행을 즐겼다.

✳ 생각해볼 문제: 큰 성 바벨론

요한계시록 17장은 바벨론의 멸망을 예고하고, 18장은 멸망을, 그리고 19장은 바벨론 심판에 대한 감사를 나타내고 있다. 특히 18장은 당시로 보아 바벨론 멸망은 미래의 사건임에도 불구하고 하나의 완결된 사건으로 선언하면서 그 성의 멸망을 자세히 언급하고 있다. 이것은 그 성의 멸망이 얼마나 임박했는가 그리고 얼마나 확실한가를 가리켜 준다. 17장은 이 성을 큰 음녀(17:1)로 표현하고 있고 18장은 큰 성 바벨론(18:2)으로 소개하고 있다. 큰 음녀의 성인 바벨론이란 무엇이며 요한계시록이 왜 그토록 이 성에 대해 멸망을 경고하고 있는가를 살펴봄으로써 요한계시록은 현대를 사는 우리에게 지금도 하나의 중요한 경고인 것을 인식하고자 한다.

큰 성 바벨론이란 무엇인가? 요한계시록은 많은 상징적인 언어를 사용하고 있기 때문에 많은 주의가 요구되고 있다. 따라서 계시이면서도 사사로이 풀 수 없는 비밀스러움이 있다. 이것은 바벨론이 무엇을 가리키는가 하는 것에서도 마찬가지로 나타난다. 바벨론의 의미를 살펴보면 다음과 같다.

첫째, 당시로 보아 바벨론 제국은 이미 폐망한 나라이므로 이것은 지리적인 바벨론을 의미하는 것이 아니라 육적으로는 번성했으나 영적으로는 매우 문제가 있는 나라, 도성, 또는 세력 등으로 해석될 수 있다는 점이다. 구약은 여러 곳에서 바벨론의 황폐에 대해 언급한 바 있다(사13:20ff;렘50:39,45;51:37,42;습2:14). 그 원인은 남을 타락시킨 그 죄악성에 있다. 원래 바벨론 제국의 수도였던 바벨론은 번영된 도시였고 범세계적인 분위기로 가득 찬 도시였다. 그러나 이 도시는 사치 풍조가 심했고 부도덕한 것으로 이름나 있었다(사13:2-22;렘25:12). 신약에서 바벨론은 로마에 대한 상징으로도 사용되었다(벧전5:13;계14:8).

둘째, 바벨론은 세속적인 세상을 대표하고 있다. 바벨론은 큰 성이다. 이 성은 세속적인 세상을 상징적으로 부각시킨 것이다. 이 성에 대한 요한계시록 17-19장의 내용은 마치 에스겔 27-28장에 나타난 두로의 모습과 매우 유사하다. 이 성은 어린양의 신부나 새 예루살렘과는 반대된다. 구약은 니느웨를 가리켜 음행으로 열국을 미혹하는 것으로(나3:1-4), 두로(사23:15,16)와 예루살렘(사1:21;겔16:15;호2:5)을 창기로 불렀다. 이를 미루어 보건대 음녀 바벨론은 육신의 정욕과 안목의 정욕 그리고 이생의 자랑(요일2:16)이 구체화된 세상을 가리킴을 알 수 있다.

셋째, 바벨론은 음녀이다. 음녀는 남을 유혹하여 파멸시킨다. 영적으로 볼 때 음녀는 성도를 유혹하여 하나님으로부터 끌어내는 유혹자이다. 음녀 바벨론은 자신이 죄짓는 것으로 만족하지 않고 남들을 자신의 죄에로 끌어 들인다.

넷째, 음녀는 짐승을 타고 있다. 이것은 이 둘의 관계가 밀접하다는 것을 보여준다. 이 짐승은 대체로 교회를 대적하는 역사상의 모든 세속 정권을 가리키는 것으로 해석되고 있다. 이럴 경우 음녀는 짐승과 함께 전 역사를 통해 성도를 유혹하고 핍박하는 세상을 뜻하는 것으로 간주할 수 있다. 그러므로 역사상 그 어느 때를 막론하고 하나님의 교회를 핍박하고 유혹하는 세속적인 세력은 음녀 바벨론이다.

바벨론, 무엇이 나쁜가? 요한계시록은 음녀 바벨론의 멸망을 확실하게 예고하고 있는데 무엇 때문에 이 성이 이러한 예고를 받게 되었는가를 성경을 통해 살펴보면 다음과 같다.

첫째, 음행으로 가득 찼다(18:3). 요한계시록은 바벨론의 멸망은 음행 때문이라고 못 박고 있다. 요한계시록 17장은 큰 음녀가 음행의 더러운 것들을 가득 가지고 있으며(17:4) 자기만 가질 뿐 아니라 다른 사람들에게도 음행의 포도주(17:2)를 제공해 취하게 만들었다고 기록하고 있다. 계시록 18장 2절은 음행의 내용과 크기에 대해 언급하고 있다. 즉 '귀신의 처소와 각종 더러운 영의 모이는 곳과 각종 더럽고 가증한 새의 모이는 곳'으로 표현되고 있는데 이것은 바벨론이 음녀의 도시일 뿐 아니라 그 음행의 정도가 아주 컸음을 나타내고 있다. 그러므로 큰 성 바벨론은 단지 그 도시가 크다는 것을 의미한다기보다 죄악이 극도로 심하다는 의미에서 큰 성임을 알 수 있다. 계시록은 바벨론을 가리켜 땅의 음녀들과 가증한 것들의 어미(계17:5)라 부르고 있다.

둘째, 사치가 심했다(18:3,7). 계시록은 이 도시의 사치가 극심했음을 보여주고 있다. 상인들이 바벨론의 사치에 부응하여 돈을 많이 벌었다(18:3). 바벨론의 사치는 그 도성에 국한된 것이 아니라 다른 여러 곳에 전염되었다. 음행과 사치는 전염성이 강하다. 계시록은 바벨론과 함께 음행하고 사치했던 땅의 왕들이 많았음을 지적하고 있다(18:9).

바벨론이 불타자 애석해하는 사람들은 그와 함께 음행과 사치를 누렸던 땅의 왕들과 그들에게 물건을 팔아 치부를 했던 상인들

(18:11)이었다. 상인들이 제공한 사치 품목은 '금과 은과 보석과 진주와 세마포와 자주 옷감과 비단과 붉은 옷감이요 각종 향목과 각종 상아 기명이요 값진 나무와 진유와 철과 옥석으로 만든 각종 기명이요 계피와 향료와 향과 향유와 유향과 포도주와 감람유와 고운 밀가루와 밀과 소와 양과 말과 수레와 종들과 사람의 영혼들'(18:12, 13)이라고 기록되어 있다.

이 품목들은 에스겔 27장에 언급된 품목들과 매우 유사하다. 자주 옷감은 주로 페니키아에서 수입되었고, 비단은 먼 중국에서 수입된 것이며 향목은 값비싼 가구나 상감 세공에 사용된 것으로 북아프리카에서 수입되었다. 진유는 청동, 옥석은 대리석을 말하며 게피는 남중국에서 수입한 향기 나는 양념이고 향료는 몸에 향내를 내기 위한 향수이며 향은 피워 향내를 내는 것이다. 수레는 귀족들이 타고 다니는 사륜마차를 말하며 종은 노예를, 그리고 사람의 영혼들이란 종들과 같은 의미를 가지고 있다. 이러한 모든 것은 사치의 극치를 단적으로 나타내고 있다.

그러나 우리는 이러한 사치는 하나님께서 싫어하시는 것임을 기억하지 않으면 안 된다. 계시록 18장 14절은 이러한 품목들을 가리켜 '네 영혼이 탐하던 과실,' '맛있는 것들과 빛난 것들'이라고 표현하고 있다. 맛있어 보이고 빛나 보이는 이러한 과실들이 먹어서는 안 될 선악과라는 것이다. 우리들은 지금 세상의 사치에 유혹을 당하고 있다.

셋째, 자기를 영화롭게 했다(18:7). 바벨론은 스스로 사치했을 뿐 아니라 자기를 영화롭게 한 자고죄를 범했다. 이것은 그의 사치가 자기를 영화롭게 하는 도구였음을 보여 준다. 그가 얼마나 교만스러웠는가 하는 것은 다음과 같은 표현에서 찾아볼 수 있다. "나는 여왕으로 앉은 자요 과부가 아니라 결코 애통을 당하지 아니하리라."(18:7). 음녀가 자신을 여왕으로 간주하고 과부가 아니라 말하는 것은 얼마나 하나님을 무시하고 살고 있는가를 보여준다.

　바벨론의 이러한 태도는 이사야 47장 8-11절에서도 그대로 나타나 있다. "사치하고 평안히 지내며 마음에 이르기를 나뿐이라 나 외에 다른 이가 없도다 나는 과부로 지내지도 아니하며 자녀를 잃어버리는 일도 모르리라."(사47:8). 음녀는 그처럼 장담하지만 순식간에 자녀를 잃고 과부로 내려앉는 때가 이르게 된다. 하나님은 그에 대해서 강하게 대처할 것을 말씀하신다. 그가 어떻게 자기를 영화롭게 하였으며 사치하였든지 그만큼 고난과 애통으로 갚아 주라(18:7). 그의 죄를 결코 간과하지 않으시고 그대로 갚겠다는 말씀이다.

　넷째, 성도들을 핍박했다(18:24). 계시록은 바벨론에 대해 이렇게 말하고 있다. "선지자들과 성도들과 및 땅 위에서 죽임을 당한 모든 자의 피가 이 성중에서 보였느니라."(18:24). 이것은 바벨론이 반교회적이고 반하나님적임을 보여주고 있다. 특히 '땅 위에서 죽임을 당한 모든 자'란 구절은 큰 도성 바벨론이 어느 한 국가나 배교한 교회가 아니라 과거, 현재, 미래의 모든 불신 세력 또는 불신 세상을 가리킨다는 주장을 강화시켜 주고 있다.

　바벨론은 자기가 멸망하지 않을 것이라 생각하고 자만에 빠졌지만 하나님은 그 행위에 대해 갑절로 갚아줄 것을 예고했다(계18:6). 사망과 애통과 흉년과 불을 보내 심판하실 것을(계18:8) 말씀하셨다. 이 재앙들이 하루 동안에 이루어질 것을 말씀하셨는데 이것은 단시간에 모든 것을 끝내겠다는 것을 의미한다. 이사야는 바벨론에 대한 심판 예고에서 '한 날에 홀연히 자녀를 잃으며 과부가 되는 이 두 일이 네게 임할 것이라'(사47:9), '파멸이 홀연히 네게 임하리라'(사47:11)라고 말한 바 있다. 구약과 신약 모두 바벨론에 대한 심판을 힘주어 강조하고 있는 것이다.

　계시록 18장 중반 이후부터는 바벨론이 어떻게 망하는가를 보여주고 있다. 그 속에서 우리는 성에 불이 붙어 부가 일 시간에 망하고(계18:17) 큰 고난과 애통이 있음을 볼 수 있다. 힘센 천사가 큰 맷돌 같은 돌을 들어 바다에 던지며 바벨론이 이같이 떨어져 결코 다시 보이지 아니하리라고 외친다(계18:21). 힘센 천사의 이 같은 상징적인 행위는 두루마리 책에 돌을 매달아 유브라데 강에 던짐으로써 바벨론의 파멸을 상징했던 예레미야 선지자의 모습을 생각나게 한다(렘51:63). 그 후로는 바벨론에 풍류소리가 그치고 신랑과 신부의 음성이 들리지 않게 된다. 멸망한 것이다.

이사야서나 계시록에서 바벨론의 잘못됨을 말하고 그곳의 파멸을 선언한 것은 하나님의 백성으로 하여금 음녀에 물들지 않고 믿음을 지키도록 하는 데 목적이 있다. 계시록에서도 하늘의 음성을 통해 "내 백성아, 거기서 나와 그의 죄에 참예하지 말고 그의 받을 재앙들을 받지 말라."(계18:4)고 강하게 권고하고 있다. 왜냐하면 그 죄는 하늘에 사무쳤고 하나님은 그의 불의한 일을 기억하고 계시기 때문이다.

2. 음녀와 짐승의 비밀

- 이 여자가 성도들의 피와 예수 증인들의 피에 취한지라 그 여자를 보고 내가 기이히 여기니 천사가 가로되
- 왜 기이히 여기느냐 내가 여자와 그가 탄바 7머리와 10뿔 가진 짐승의 비밀을 네게 이르리라.
- 네가 본 짐승은 전에 있었다가 시방 없으나 장차 무저갱으로부터 올라와 멸망으로 들어갈 자니 창세 이후 생명책에 녹명되지 못한 자들이 이전에 있었다가 시방은 없으나 장차 나올 짐승을 기이히 여기리라.

- 지혜 있는 뜻이 여기 있으니 그 7머리는 여자가 앉은 7산이요 7왕이라 다섯은 망하였고 하나는 있고 다른 이는 아직 이르지 아니하였으나 이르면 반드시 잠깐 동안 계속하리라
- 전에 있었다 시방 없어진 짐승은 8째 왕이니 7중에 속한 자라 저가 멸망으로 들어가리라
- 10뿔은 10왕이니 아직 나라를 얻지 못하였으나 다만 짐승으로 더불어 임금처럼 권세를 일시 동안 받으리라
- 저희가 한뜻을 가지고 자기의 능력과 권세를 짐승에게 주더라
- 저희가 어린양과 싸우나 어린양은 만주의 주시요 만왕의 왕이시므로 저희를 이기실 터이요 또한 그와 함께 있는 자들 곧 부르심을 입고 빼내심을 얻고(chosen) 진실한 자들은 이기리로다.
- 음녀의 앉은 물은 백성과 무리와 열국과 방언들이니라.
- 10뿔과 짐승이 음녀를 미워하여 망하게 하고 벌거벗게 하고 그 살을 먹고 불로 아주 사르리라
- 하나님이 자기 뜻대로 할 마음을 저희에게 주사 한 뜻을 이루게 하시고 저희 나라를 그 짐승에게 주게 하시되 하나님 말씀이 응하기까지 하심이니라.
- 또 네가 본 바 여자는 땅의 임금들을 다스리는 큰 성이라.” 하더라.”

성도들과 증인들의 피에 취한 것은 음녀가 기독교에 대해 얼마나 잔인했는가를 보여준다. 음녀의 영향력은 세계적이고, 그 영향력 때문에 세계가 타락하게 된다. 음녀는 막대한 부를 소유하고 있으며, 성도들의 피를 즐긴다.

음녀가 탄 짐승은 무저갱으로부터 나와서 일시적으로 활동하다가 망한다. 7머리와 10뿔을 가지고 있다. 이것은 음녀에 조력한 나라들

을 상징한다. 음녀는 잠시 동안 짐승, 곧 적그리스도들과 한 무리를 이룬다.

7머리는 7산 7왕으로 표현된다. 7산은 로마가 7개의 산 위에 위치해 있어 음녀가 로마에 본부를 둔 것으로 이해하기도 한다. 로마는 티베르 강 외편 7개의 성읍에서부터 시작한 제국으로, 버질이나 시세로 등은 그들 작품에서 로마를 7개 언덕으로 표현하고 있다. 일곱 왕에 대해서는 일곱 제국, 황제, 세상군주 등 여러 견해가 있다. 망한 다섯은 애굽·앗수르·바벨론·메대 파사·헬라를, 있는 나라는 로마, 잠깐 일어날 나라는 당시로 보아 신성로마 제국으로 추정하기도 한다. 여덟째 왕은 말세의 대표 적그리스도 왕이다. 이 왕은 8째지만 7왕에 속한다. 제국과 동반관계를 가졌던 정치지향의 종교 세력으로 보기도 한다. 10뿔은 말세에 있을 적그리스도의 정치적 권세를 잡은 자를 총칭으로 해석하기도 한다.

이 짐승은 예수님의 재림으로 망한다. 짐승은 자기를 타고 있던 음녀를 전쟁으로 불살라 버린다. 세상의 모든 권세, 부귀, 영화가 다 타고 만다. 세상은 일시적이고 결국 불 심판으로 망한다. 세상은 그리스도인을 유혹한다. 따라서 그리스도인은 세상의 유혹으로부터 자유 할 필요가 있다.

제19장 요한계시록 18장: 바벨론 심판

1. 무너진 바벨론 성과 천사의 음성

- 이 일 후 다른 천사가 하늘에서 내려오는 것을 보니 큰 권세를 가졌는데 그의 영광으로 땅이 환하여지더라.
- 천사가 힘센 음성으로
  "무너졌도다. 무너졌도다. 큰 성 바벨론이여 귀신의 처소와 각종 더러운 영이 모이는 곳과 각종 더럽고 가증한 새의 모이는 곳이 되었도다. 그 음행의 진노의 포도주를 인하여 만국이 무너졌으
- 땅의 왕들이 그와 더불어 음행하였으며
- 땅의 상고들(merchants)도 그 사치의 세력을 인하여 치부하였도다."

18장의 총 주제는 바벨론 심판이다. 천사는 바벨론의 멸망을 선언한다. '땅이 환하여지더라.'는 천사나 하나님의 임재 시에 자주 나타나는 현상이다(출34:29-35;시104:2;겔43:1-5). 음란한 세상은 멸망하지만 하늘의 영광으로 땅은 밝아진다.

바벨론이 왜 망했는가를 말해준다. 귀신의 처소, 각종 더러운 영이 모이는 곳, 각종 더럽고 가증한 새들이 모이는 곳, 음행이 판치는 곳이기 때문이다. 우상숭배와 음란과 사치 때문이라는 것이다. 그곳은 마귀와 거짓교사들의 근거지요 환락과 사치의 마당이요 거룩한 자를 죽이는 곳이다. 세상연락은 우리를 망하는 길로 인도한다.

땅의 왕들과 땅의 상고들도 심판대상이다. 큰 음녀의 멸망은 그를 따랐던 속주국 왕들의 멸망으로 이어진다. 땅의 왕들이 심판대상이 된 것은 핍박자의 앞잡이 노릇을 했기 때문이다. 땅의 상고들이 심

판받는 것은 그들 또한 권력자의 시녀로 치부했을 뿐 아니라 기독교인 핍박에 앞장섰기 때문이다. 그들은 우상을 만들어 부를 키웠고, 그리스도인들을 적대했다. 기독교가 전파되는 과정에서 발생한 핍박의 절반은 장사꾼들에게서 왔다고 해도 과언이 아니다.

2. 하늘의 경고의 음성

- 또 내가 들으니 하늘에서 다른 음성이 나서
  "내 백성아 거기서 나와 그의 죄에 참예하지 말고 그의 받을 재앙들을 받지 말라.
- 그 죄는 하늘에 사무쳤으며 하나님은 그의 불의한 일을 기억하신지라. 그가 준 그대로 그에게 주고 그의 행위대로 갑절을 갚아주고 그의 섞은 잔에도 갑절이나 섞어 그에게 주라 그가 어떻게 자기를 영화롭게 하였으며 사치하였든지 그만큼 고난과 애통으로 갚아 주리라.
- 그가 마음에 말하기를 '나는 여황(女皇)으로 앉은 자요 과부가 아니라 결단코 애통을 당하지 아니하리라' 하니 그러므로 하루 동안에 그 재앙들이 이르리니 곧 사망과 애통과 흉년이라.
- 그가 또한 불에 살라지리니 그를 심판하신 주 하나님은 강하신 자이심이라."

하나님은 자기 백성들에게 그 같은 죄에 참예하지 말며 그 재앙을 받지 않도록 경고한다. 바벨론의 죄가 하늘에 닿았고, 하나님은 그들의 불의한 행위를 잊지 않으신다.

계속된 회개의 촉구에도 불구하고 거부했으니 갑절의 보응을 받을 것이다. 그들은 하나님보다 자기 자신을 영화롭게 했고 사치에 급급

했다. 심판의 경고에도 그들은 그 같은 심판을 받을 이유가 없다며 완강하다. "나는 여황인데, 누가 나를 심판하겠다는 말인가."

그러나 심판은 급하게 닥친다. 하루 동안에 사망, 애통, 흉년이 온다. 심판은 갑자기 임한다. 바벨론은 불에 탄다.

3. 바벨론 심판에 대한 왕들의 말

- 그와 함께 음행하고 사치하던 땅의 왕들이 그 불붙는 연기를 보고 위하여 울고 가슴을 치며 그 고난을 무서워하여 멀리 서서 가로되
- "큰 성 바벨론이여 일 시간에(in an hour) 네 심판이 이르렀다"
- 땅의 상고들이 그를 위하여 울고 애통하는 것은 다시 그 상품을 사는 자가 없음이라.
- 그 상품은 금, 은, 보석, 진주, 세마포, 자주옷감, 비단, 붉은 옷감, 각종 향목(scented wood), 각종 상아기명, 값진 나무, 진유(bronze)와 철과 옥석(marble)으로 만든 각종 기명, 계피(cinnamon), 향료(spice), 향(incense), 향유(myrrh), 유향(frank incense), 포도주, 감람유, 고운 밀가루, 밀, 소, 양, 말, 수레, 종들, 사람의 영혼들(human souls)이라.
- 바벨론아 네 영혼의 탐하던 과실(fruit)이 네게서 떠났으며 맛있는 것들과 빛난 것들이 다 없어졌으니 사람들이 결코 이것들을 다시 보지 못하리로다.
- 바벨론을 인하여 치부한 이 상품의 상고들이 그 고난을 무서워하여 멀리 서서 울고 애통하여 가로되

  "화 있도다. 큰 성이여, 세마포와 자주와 붉은 옷을 입고 금, 보석, 진주로 꾸민 것인데 그러한 부가 일 시간에 망하였도다."

- 각 선장과 각처를 다니는 선객(船客)들과 선인(船人)들과 바다에서 일하는 자들이 멀리 서서 그 불붙는 연기를 보고 외쳐 가로되

  "이 큰 성과 같은 성이 어디 있느뇨."
- 티끌을 자기 머리에 뿌리고 울며 애통하여 외쳐 가로되

  "화 있도다. 이 큰 성이여 바다에서 배 부리는 모든 자들이 너희 보배로운 상품을 인하여 치부하였더니 일 시간에 망하였도다. 하늘과 성도들과 사도들과 선지자들아 그를 인하여 즐거워하라. 하나님이 너희를 신원하시는 심판을 그에게 하셨음이라."

바벨론이 멸망하는 모습을 보며 울고 가슴을 친다. 땅의 임금들, 상고들, 무역업자들이 애통한다. 도시도 그 안의 상품도 다 타버린다. 하나님을 대적한 우두머리와 그와 부화뇌동한 무리들이 한꺼번에 재난을 당하는 것이다.

계시록 18장 9-20은 열 왕들에 대해(9), 상인들(11), 바다의 사람들에 대한(17) 애가를 적고 있다. 한편 이 애가는 에스겔의 두 로마에 대한 애가(겔27장)와 비슷하다. 9절은 왕이 막대한 경제적 손실을 입은 것을 애통하는 내용이다(11절). '사람의 영혼들'이란 헬라어 '소마타(somata)'로 육체, 인간, 종이라는 뜻이다. 요한은 당시의 노예 제도가 빚어내는 야만성을 힐난하면서, 노예를 팔고 사는 모습이 마치 인간의 영혼을 사고파는 것과 같은 야만적인 것임을 드러내고 있다.

선장과 선인과 바다에서 일하는 자들이 보고 애통한다. 선장은 배를 소유하고 있는 사람이기보다 배를 운전하는 자를 가리킨다. 당시엔 선장이 선주인 경우가 많았다(행27:11). 티끌을 머리에 뿌리는 것은 슬픔과 애통의 몸부림을 나타낸다(겔27:30).

이들의 애통과는 달리 천국에 거하는 자의 반응은 다르다. 하늘의

성도여, 선지자여, 순교자여 기뻐하라. 하나님이 너희들의 기도에 응답하셨고, 바벨론을 멸망시켰느니라. 천국에서는 사단이 내어 쫓길 때(계12:12), 바벨론이 멸망할 때(계18:20), 어린양이 교회와 결혼할 때(계19:7) 기뻐한다.

4. 힘 센 천사의 음성

- 한 힘 센 천사가 큰 맷돌 같은 돌을 들어 바다에 던지며 "큰 성 바벨론이 이같이 몹시 떨어져 결코 다시 보이지 아니하리로다.
- 거문고 타는 자, 풍류하는 자(minstrels), 퉁소 부는 자(flute players), 나팔 부는 자들의 소리가 다시 네 가운데서 들리지 아니하고
- 어떤 세공업자든지 결코 다시 네 가운데서 보이지 아니하고 맷돌 소리가 결코 다시 네 가운데서 들리지 아니하고 등불 빛이 결코 다시 네 가운데서 비취지 아니하고 신랑과 신부의 음성이 결코 다시 네 가운데서 들리지 아니하리라.
- 너의 상고들은 땅의 왕족들이라 네 복술(sorcery)을 인하여 만국이 미혹되었도다.
- 선지자들과 성도들과 땅 위에서 죽임을 당한 모든 자의 피가 이 성 중에서 보였느니라."

바벨론의 멸망으로 함께 없어지는 것도 많다. 거문고 타는 자 등 연예인 활동이 없어진다. 정밀공업자도 보이지 않는다. 맷돌 소리도 없다. 맷돌은 곡식을 갈기 위한 것이므로 식품업이 망하는 것을 말한다. 등불 빛도 없다. 조명기구도 사라진다. 신랑신부의 기쁜 소리도 사라진다. 왜 그들은 망하는가? 우상숭배와 복술에 미혹되는 것

도 모자라 성도들을 핍박하고 많은 피를 흘리게 했기 때문이다.

말세에 바벨론은 망한다. 망하되 갑자기 망한다. 그러므로 성도들은 롯이 소돔과 고모라에서 탈출하듯 이 바벨론에서 벗어나야 한다. 뒤를 돌아보지 말고 앞만 보고 나가야 한다.

제20장   요한계시록 19장: 예수의 재림과 최후의 전쟁

1. 허다한 무리의 큰 음성

- 이 일 후 내가 들으니 하늘에 허다한 무리의 큰 음성 같은 것이 있어
- "할렐루야 구원과 영광과 능력이 우리 하나님께 있도다.
- 그의 심판은 참되고 의로운지라 음행으로 땅을 어지럽게 한 큰 음녀를 심판하사 자기 종들의 피를 그의 손에 갚으셨도다. 할렐루야."
- 두 번째 "할렐루야" 하더니 그 연기가 세세토록 올라가더라.

바벨론 심판에 대해 하늘에서 허다한 무리의 찬양이 있다. 그 심판은 참되고 정의로운 것이며 주의 종들이 흘린 피를 갚으신 것이다. 그들은 하나님의 구원과 영광과 능력, 그리고 의롭고 참된 심판을 보며 할렐루야를 외친다. 오직 하나님께 영광을.

2. 24장로와 4생물의 경배

- 엎드려 보좌에 앉으신 하나님께 경배하여 "아멘 할렐루야" 하니
- 보좌에 음성이 나서 가로되
  "할렐루야 주 우리 하나님 곧 전능하신 이가 통치하시도다. 우리가 즐거워하고 크게 기뻐하여 그에게 영광을 돌리세.

- 어린양의 혼인기약이 이르렀고 그 아내(bride)가 예비하였으니 (made herself ready) 그에게 허락하사 빛나고 깨끗한 세마포 옷 (bright pure fine linen)을 입게 하셨은즉 이 세마포는 성도들의 옳은 행실이라."

허다한 무리의 찬송이 끝난 후 24장로와 4생물의 응답 찬송 또한 "아멘, 할렐루야"로 나타난다. 그들은 엎드려 경배하며 찬송했다.

우리의 예배는 하늘의 예배에 동참하는 것이다. 요한은 밧모 섬에서 고난 가운데 있었다. 아마 돌을 채석하고 나르는 일을 했을 것으로 보인다. 그 고통 가운데서 하늘의 예배 소리를 듣고 있었다. 우리도 그 예배 속으로 들어간다.

보좌에서 음성이 들린다. 이 음성은 구원받은 성도들의 찬송소리로 보인다. 그들은 하나님의 통치와 어린양의 혼인잔치를 찬양한다. 신부에게는 빛나고 깨끗한 세마포 옷을 입게 하셨다. 그 세마포는 성도들의 옳은 행실이다. 그리스도의 신부인 교회는 언제나 성도들의 바른 믿음과 행실에 따라 빛이 난다. 어린양의 혼인은 하나님과 그의 백성들 사이의 관계를 묘사한다. 이런 표현은 구약의 예언서에서 자주 나타난다(사54:5-7;호2:19).

✳ 생각해볼 문제: 아멘, 할렐루야

우리가 "아멘, 할렐루야"하는 것은 하늘의 예배 언어를 이 땅에서 배우고 실현하는 것이다. 이 땅에서 하늘의 예배에 동참하고 있음을 보여준다. 우리가 "아멘 할렐루야"라고 할 때 다음과 같은 의미를 갖고 있다.

첫째, 하나님의 뜻을 받아들인다. 아멘은 "그렇게 되기를 바라나이다(so be it)."는 뜻을 가지고 있다. 우리의 뜻이 아니라 하나님의 뜻이 이뤄지기를 바라는 것이다. 주님도 "뜻이 하늘에서 이룬 것같이 땅에서도 이루어지이다"고 가르쳐 주셨다.

둘째, 하나님의 목적에 헌신한다는 의미를 갖고 있다. 하나님의 목적은 행동으로 나타난다. 하나님의 작전, 그 행동에 동참하겠다는 의지. "그 일에 헌신하겠나이다." 하는 자신의 뜻을 담고 있다.

셋째, 기쁨을 노래한다. "할렐루야"는 "하나님을 찬양하라"는 말이다. 이 말을 할 때 우리는 영원한 행복 속에 있음을 확신하고 하나님께 찬양을 돌리는 기쁨을 나타낸다. 육신의 고난과 고통 속에서도 찬양하는 이유가 바로 여기에 있다. 성경은 이를 '고난 중의 영광'이라 표현한다. 우리가 이 땅에서 고난 가운데 있다 할지라도 주님은 세상이 줄 수 없는 영광의 기쁨을 허락하시고 우리로 찬양하게 하신다.

넷째, 최후 승리를 확신하고 있다. 천국의 성도는 이미 주님이 승리했음을 확신하면서 "할렐루야 아멘"으로 찬양하고 있다. 우리가 이 땅에서 "아멘 할렐루야"라고 할 때 세상왕국이 하나님의 왕국으로 변하게 된다.

3. 말세의 4째 복

- 천사가 내가 말하기를
  "기록하라. 어린양의 혼인잔치에 청함을 입은 자들이 복이 있도다. 이것은 하나님의 참되신 말씀이라." 하기로

성도의 가장 큰 기쁨과 행복은 어린양의 혼인잔치에 참여하는 것이다. 이것은 내가 가고 싶다고 가는 곳이 아니다. 주님이 부르실 때 갈 수 있다. 이 잔치에 청함을 입으려면 예수님을 구주로 고백해야 한다.

4. 천사, "오직 하나님께 경배하라"

- 내가 그 발 앞에 엎드려 경배하려 하니 그가 나더러 말하기를
- "나는 너와 및 예수의 증거를 받은 네 형제들과 같이 된 종이
  니 삼가 그리하지 말고 오직 하나님께 경배하라 예수의 증거
  (testimony)는 대언(prophecy)의 영이라" 하더라.

요한이 천사에게 경배하려는 자세를 취하자 천사는 단호히 거부한
다. 경배를 받으실 분은 오직 하나님 한 분뿐이시다. 우리는 지금도
그 영광을 가로채고 있지 않은가.

예수의 증거는 대언의 영이다. 이 말은 모든 예언과 천사가 요한
에게 보여준 모든 것의 목적은 예수 그리스도에 대해서 말하려는 것
이라는 뜻이다(Living NT 계19:10 볼 것). 그러므로 영광받으실 분은
예수님이다.

5. 백말을 탄 자와 하늘 군대

- 또 내가 하늘이 열린 것을 보니
- 보라 백마와 탄 자가 있으니 그 이름은 충신(Faithful)과 진실
  (True)이라 그가 공의로 심판하며 싸우더라.
- 그 눈이 불꽃같고 그 머리에 면류관(many diadems)이 있고 이
  름 쓴 것이 하나 있는데 자기밖에는 아는 자가 없어
- 그가 피 뿌린 옷을 입었는데 그 이름은 하나님의 말씀이라 칭
  하더라.
- 그의 입에서 이한 검(sharp sword)이 나오니 그것으로 만국을 치
  겠고

- 친히 저희를 철장(iron rod)으로 다스리며 친히 하나님 곧 전능하신 이의 맹렬한 진노의 포도주 틀을 밟겠고
- 그 옷과 다리에 이름 쓴 것이 있으니 만왕의 왕이요 만주의 주라 하였더라.
- 하늘에 있는 군대들이 희고 깨끗한 세마포를 입고 백마를 타고 그를 따르더라.

이때의 백마는 계시록 6장 2절의 백마가 아니다. 용사이며 메시아와 왕 되신 그리스도가 탈 백마이다. 이것은 영광중에 재림하시는 주님의 모습을 나타내고 있다. 주의 재림은 이미 주님이 약속하신 것이며 성도의 소망이다. 백마를 타신 것은 주님이 승리자로 마귀·죄·세상·거짓 선지자·짐승과 더불어 싸워 심판하기 위해 오시기 때문이다.

주님은 충신과 진실의 이름을 가지고 오신다. 충신은 '피스토스(pistos)'로 충성이라는 뜻이고, 진실은 '알레디노스(alethinos)'다. 주님은 진실하시고 충성된 분이시므로, 그의 이름대로 재림하신다. 주님은 공의로 심판하신다. 모든 불의를 심판하고, 성도를 괴롭게 한 자들과 싸워 이긴다.

주님은 불꽃같은 눈을 가졌고, 면류관을 썼으며, 피 뿌린 옷을 입었다. 주님은 '하나님의 말씀'이라는 이름을 가졌다. 입에서는 날카로운 검이 나와 만국을 친다. 그 옷과 다리에는 만왕의 왕, 만주의 주라는 이름이 쓰여 있다.

그 싸움에서 하늘 군대가 동원된다. 하늘에 있는 군대는 천사들을 가리키거나(신33:2;시68:17) 모든 믿는 자의 무리를 의미한다(계17:14). 이들도 흰 세마포를 입고 주님처럼 백마를 타며 주님을 따른다.

6. 새를 불러 모든 자의 고기를 먹으라 하는 천사

- 또 내가 보니 한 천사가 해에 서서(standing in the sun) 공중에 나는 모든 새를 향해 큰 음성으로 외치되
- "와서 하나님의 큰 잔치에 모여 왕들의 고기(flesh)와 장군들의 고기와 장사들(mighty)의 고기와 말들과 그 탄자들의 고기와 자유한 자나 종이나 무론 대소하고 모든 자의 고기를 먹으라."

예수님의 재림으로 심판받은 세상은 시체로 널려 있다. 새들이 모여 잔치를 벌인다(겔39:17-20).

7. 유황 불 못에 던지운 짐승과 거짓 선지자

- 또 내가 보매 그 짐승과 땅의 임금들과 그 군대들이 모여 그 말 탄 자(백마를 탄 자)와 그의 군대(하늘군대)와 더불어 전쟁을 일으키다가
- 짐승이 잡히고 그 앞에서 이적을 행하던 거짓 선지자도 함께 잡혔으니 짐승의 표를 받고 그의 우상에게 경배하던 자들을 이적으로 미혹하던 자라.
- 이 둘(짐승과 거짓 선지자)이 산 채로 유황 불 붙는 못에 던지우고
- 그 나머지는 말 탄 자의 입으로 나오는 검에 죽으매 모든 새가 그 고기로 배불리우더라.

예수님의 재림으로 가장 통쾌한 일은 교회와 성도를 그토록 괴롭히고 교만과 오만의 선봉장이었던 짐승과 거짓 선지자들이 사로 잡

혀 유황 불 못에 들어간다는 사실이다. 불에 의해 처벌하는 것은 성경이나 비성경적 유대문학 속에서 자주 나온다. 이것은 근본적으로 인간희생을 드리는 이방종교들로부터 유래되었다고 볼 수 있다. 묵시문학에서의 불에 의한 심판은 마지막 때의 지옥을 의미하기도 한다.

하늘 거주자들이 승리하신 어린양에게 드리는 찬양과 노랫말의 배경은 심판자 그리스도와 지옥에 던져지는 악의 무리들이다. 그 가운데 권력의 시녀 노릇을 하며 기독교 박해에 앞장섰던 거짓 선지자들이 들어 있다. 그들에게 최후의 철퇴가 가해진다.

예수님은 반드시 재림하신다. 성도들은 어린양 혼인잔치에 참여하고, 교회와 성도를 핍박하던 짐승과 거짓 선지자, 곧 사단의 추종자들은 모두 불 못에 들어간다.

제21장 요한계시록 20장: 천년왕국과 최후의 심판

1. 천 년 동안 무저갱에 갇힌 용(사단)

- 또 내가 보매 천사가 무저갱 열쇠와 큰 쇠사슬을 그 손에 가지고 하늘에서 내려와 용(옛 뱀, 마귀, 사단)을 잡아 천 년 동안 결박 무저갱에 던져 잠그고 그 위에 인봉
- 천 년이 차도록 다시는 만국을 미혹하지 못하게 하였다가 그 후에는 반드시 잠간 놓이리라

예수의 재림 사건의 결과로 19장에서는 짐승과 거짓 선지자들이 잡혀 볼 못에 던져지고, 20장에서는 사단이 잡혀 무저갱에 천 년간 감금된다. 하나님을 대적하는 모든 피조물의 배후세력인 마귀가 마침내 감금되는 것이다. 이로써 성도들은 더 이상 괴롭힘을 받지 않게 된다. 감금된 시간에 지상에서는 천 년 동안 주님과 함께 꿈같은 왕국시대를 지낸다.

사단은 천 년이 지난 후 무저갱에서 잠시 놓인다. 천 년 동안 육신의 몸을 가진 자들이 생육하고 번성했으므로 이들을 시험하기 위한 것이다.

❋ 생각해볼 문제: 무저갱

무저갱(abyss)은 밑이 없는 갱으로 신약에서 나타난다. 그러나 70인 역에서는 구약의 '깊음(테홈)'을 '아뷔소스(abussos)'라 번역하였다. 이 테홈은 고대 셈족의 우주개벽설에 바탕을 두고 있는 단어로

샘·시내·강들에 의해 생겨난 큰 깊음(창7:11;사51:10) 또는 깊은 물밑(욥38:16), 곧 땅 아래의 거대한 수역을 가리킨다. 욥기에서는 바다의 괴물 리워야단이 숨는 곳으로 묘사되고 있다(욥41:32).

구약에 반영된 고대의 세계관

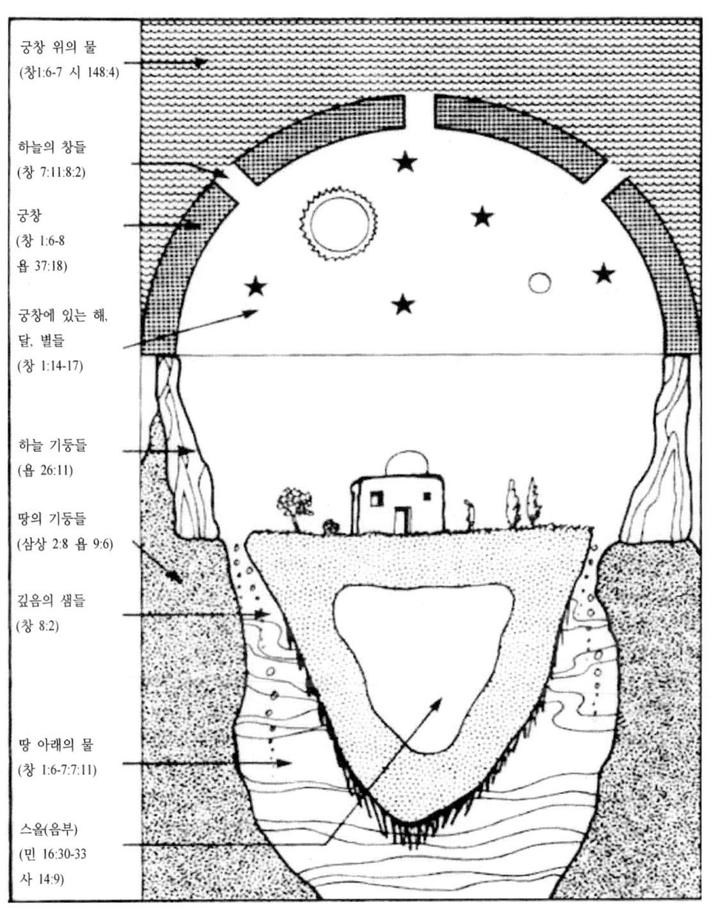

누가복음 8장 31절에서는 악한 영들이 갇혀 있는 곳으로 묘사되어 있다. 로마서 10장 7절에서는 스올의 동의어 및 죽음의 영역을

표시하고 있다(6절의 하늘과 대조됨). 이것이 계시록에 와서는 무저갱을 표시하는 단어로 등장한다. 이 무저갱은 지금 현재 악한 영들이 기거하는 곳으로, 장차 그 악한 영들의 영원한 처소가 될 불 못으로 떨어지기 이전에 잠시 머물게 될 처소이다(계19:20;20:10).

2. 첫째 부활과 천년왕국

- 내가 보좌들을 보니 거기 앉은 자들이 있어 심판하는 권세를 받았더라
- 예수의 증거와 하나님 말씀을 인하여 목 베임을 받은 자의 영들과 또 짐승과 그의 우상에게 경배하지도 아니하고 이마와 손에 그의 표를 받지도 아니한 자들이 살아서 그리스도와 더불어 천 년 동안 왕 노릇하니 이는 첫째 부활이라
- 둘째 사망이 그들을 다스리는 권세가 없고 도리어 그들이 하나님과 그리스도의 제사장이 되어 천 년 동안 그리스도와 더불어 왕 노릇하니
- (그 나머지 죽은 자들은 그 천 년이 차기까지 살지 못하더라.)

신구약에서 단 한 번 나오는 '그리스도와 더불어 천 년 동안 왕 노릇'이 신학적으로 천년왕국론을 불러일으켰다.

'첫째 부활'은 몇몇 신자들의 육체부활이라기보다 둘째 사망의 해를 받지 않게 되는 보증으로서 모든 신자들의 영혼이 죽었던 상태로부터 거듭나는 것으로 보인다.

✷ 생각해볼 문제: 천년왕국설(Millenarianism)

천 년이라는 기간과 그리스도의 재림에 대해 크게 세 가지 견해가 있다.

첫째, 무천년설(a-millenarianism)이다. 천년은 실제 기간이 아니라 상징적인 의미라는 것이다. 문자적 천년설을 부정하고 예수의 초림부터 재림까지의 신약시대의 영적 왕국을 의미한다고 본다. 세상은 점차 기독교화되어 지상에 천년왕국을 이룬 뒤에 재림이 있고 역사가 끝난다는 주장이다(Origen, Augustine, Calvin, Kuyper, Berkhof, Lenski).

둘째, 전천년설(pre-millenarianism 천년전 재림)이다. 예수 재림 후 통치의 천년이 실제 존재하며 그 후에 심판의 날이 도래한다는 주장이다(Justin, Irenaeus, Tertullian). 이 설에도 재림이 7년 환란 후에 임할 것을 믿는 역사적 전천년설과 7년 환란 전에 예수님이 공중 재림하여 성도는 모두 휴거한다고 보는 세대주의적 전천년설(Darby)이 있다.

셋째, 후천년설(post-millenarianism 천년후 재림)이다. 천년 왕국 후에 예수님이 재림한다는 주장이다. 천년간 복음이 온 세계에 전파되어 사회가 살기 좋은 세상이 되었을 때 예수님이 재림한다는 것이다(C. Hodge, A. H. Strong).

3. 말세의 다섯째 복

• 이 첫째 부활에 참예하는 자들은 복이 있고 거룩하도다.

이 부활에 참예해 천 년간 주님과 함께 왕 노릇하는 성도들이야말로 복이 있는 자들이다.

4. 천 년 후 옥에서 풀려난 사단

- 천년이 차매 사단이 그 옥에서 놓여나와서
- 땅의 사방 백성 곧 곡(Gog)과 마곡(Magog)을 미혹하고 모아 싸움을 붙이리니 그 수가 바다 모래 같으리라.

천 년이 지난 다음 무저갱에서 풀려난 사단은 자기 무리를 모은다. 사단의 꼬임에 빠진 자들이 곡과 마곡이다. 그 수가 많아지고, 성도들의 진과 성을 포위한다.

곡은 마곡 땅의 통치자로 에스겔에서 '로스와 메섹과 두발의 왕'으로 불린다(겔38:2;39:1). 곡은 이스라엘을 대적할 큰 군대를 이끌고 오지만 여호와의 산에서 내리신 재앙으로 이스라엘 산에서 진멸될 것으로 예언되어 있다. 곡이 누구인지는 확실하지 않다. 하지만 계시록에서는 장래에 하나님의 백성들을 대적할 적그리스도일 가능성이 있다.

마곡은 곡과 같은 민족으로 보인다. 종말론적 입장에서 곡과 마곡은 하나님과 그 백성들을 대적하는 상징으로 묘사되고 있다.

5. 패하여 유황 못에 던져진 사단

- 저희가 지면에 널리 퍼져 성도들의 진(陣)과 사랑하시는 성(城)을 두르니 하늘에서 불이 내려와 저희를 소멸하고
- 저희를 미혹하는 마귀가 불과 유황 못에 던지우니 거기는 그 짐승과 거짓 선지자도 있어 세세토록 밤낮 괴로움을 받으리라.

사단은 결국 붙잡혀 짐승과 거짓 선지자가 있는 불 못에 들어간다. 짐승에 비해 사단이 불 못에 들어가는 시차가 천년이다. 거기서

사단을 비롯한 짐승과 거짓 선지자들이 밤낮 괴로움에 시달린다.

6. 흰 보좌 앞에 펴진 생명책과 심판

- 또 내가 크고 흰 보좌와 그 위에 앉으신 자를 보니
- 땅과 하늘이 그 앞에서 피하여 간 데 없고
- 죽은 자들이 무론 대소하고 그 보좌 앞에 섰는데
- 책들이 펴 있고
- 또 다른 책이 펴졌으니 곧 생명책이라
- 죽은 자들이 자기 행위를 따라 책들의 기록된 대로 심판을 받으니 바다가 그 가운데서 죽은 자를 내어주고 사망과 음부도 그 가운데서 죽은 자들을 내어주매
- 각 사람이 자기의 행위대로 심판을 받고

하나님의 보좌 앞에는 여러 책들이 펴 있다. 그중에 하나가 생명책이다. 생명책에는 성도들의 이름이 기록되어 있고, 여기에 기록된 자만 구원을 얻는다. 기록되지 못한 자들은 영원한 형벌을 받는다. 사단과 그 부하들이 지옥에 가는 것은 당연하지만 구원받기를 거부해 지옥에 가는 것은 어리석다 하지 않을 수 없다(마25:41).

✻ 생각해볼 문제: 보좌 앞에 펴진 책들

(1) 생명책(출32:32,33;시69:28;단12:1;빌4:3;계3;5;13:8;20:15)

(2) 기념 책(말3:16): 성도들이 주와 복음을 위해 기념될 만한 일을 하는 자를 위해 여호와 앞에 있는 기념 책에 그 업적을 기록한다. 그 기념 책대로 상급을 주실 것이다.

(3) 말씀의 책(마12:36,37): 무익한 말을 하면 심판날에 심문을 받는다. 말로 인해 의롭다 함을 받고 정죄함을 받는다.

(4) 행위의 책(고후11:15;마16:27): "저희의 결국은 그 행위대로 되리라." "인자가 아버지의 영광으로 그 천사들과 함께 오리니 그때에 각 사람의 행한 대로 갚으리라."

(5) 은밀한 것 기록한 책(롬2:16;전12:14): "하나님이 예수 그리스도로 말미암아 사람들의 은밀한 것을 심판하시리라." "하나님은 모든 행위와 모든 은밀한 일을 선악 간에 심판하시리라."

(6) 양심의 책(롬2:15): "양심이 그 증거가 되어." 인간의 양심이 절대적인 안내자가 아니라 하더라도 인간이 고의로 양심을 어겼을 경우 비난을 받을 것이다.

✽ 생각해볼 문제: 성도들의 잘못된 행위는 어떻게 되나?

성도들의 잘못된 행위는 아무 책에도 기록되지 않는다. 성도들의 잘못된 행위는 세상에서 다 징계받고 하늘에는 기록되지 않는다. 만약 성도의 범죄 행위가 하늘에 기록된다면 그는 심판을 받고 지옥에 가야 한다. 그러나 성도의 죄는 이미 주님이 대신 형벌을 받았기 때문에 지옥 형벌은 면제되었고 지상에서 징계와 고난을 받게 된다(천정웅, 82).

"주의 징계하심을 경히 여기지 말며 그에게 꾸지람을 받을 때에 낙심하지 말라. 주께서 그 사랑하시는 자를 징계하시고 그의 받으시는 아들마다 채찍질하심이니라"(히12:5-11).

7. 불 못 곧 둘째 사망과 생명책

- 사망과 음부도 불 못에 던지우니 이것은 둘째 사망 곧 불 못 (the lake of fire)이라
- 누구든지 생명책에 기록되지 못한 자는 불 못에 던지우더라.

제22장 요한계시록 21장: 새 하늘과 새 땅, 새 예루살렘

1. 새 하늘과 새 땅

• 내가 새 하늘(new heaven)과 새 땅(new earth)을 보니 처음 하늘과 처음 땅이 없어졌고 바다도 다시 있지 않더라.

과거의 질서는 물러나고 영적 질서가 새로이 확립된다. 새 하늘과 새 땅은 천국의 영광을 보여주고 있다. 첫 하늘과 첫 땅이 없어지고 새로 만들어지리라는 예언의 성취다(벧후3:10-13). 새 하늘과 새 땅은 환난 중에 있는 성도들에게 소망이 되는 메시지다.

✱ 생각해볼 문제: 없어지는 것과 새로운 것

없어지는 것과 새로운 것

없어지는 7가지	새로운 7가지
• 처음 하늘과 땅과 바다(21:1하)	• 새 하늘과 새 땅(21:1)
• 처음 사람(21:4)	• 새 예루살렘(21:2, 10-27)
• 성전(21:22)	• 새 사람(21:3-4)
• 해와 달의 비침(21:23)	• 새 만물(21:5)
• 밤(21:25)	• 새 성전(21:22)
• 부정한 것(21:27)	• 새 빛(21:23, 22:5)
• 저주(22:3)	• 새 낙원(22:1-5)

2. 새 예루살렘

- 또 내가 보매 거룩한 성 새 예루살렘(new Jerusalem)이 하나님
  께로부터 하늘에서 내려오니
- 그 예비한 것이 신부가 남편을 위하여 단장한 것 같더라.

이 거룩한 성은 예루살렘과 성전, 에덴동산의 모든 이미지가 포함
되어 있다.

계시록 21장과 22장에 나타난 새 예루살렘은 구약과 유대 문헌에
서도 소개된다(사54:11-14;60:15-22;겔40-48장). 계시록의 새 예루살렘
은 그리스도의 몸을 비유적으로 나타낸 것이다. 성읍은 '그 예비한
것이 신부가 남편을 위하여 단장한 것 같더라.'(계21:2). 이것은 최고
의 꾸밈과 단장, 곧 최고의 모습을 말한다.

이 성읍은 천사가 요한에게 '신부 곧 어린양의 아내'를 보여주겠
다고 한 약속에 따라 요한이 본 것이다(9-10절). 새 예루살렘은 세속
적인 체계를 대표하는 바벨론과 대립된다(16:19-18:24). 가인이 만들
기 시작한 무신론적인 도시문명이 종말을 고하고, 하나님의 영광이
반영되는 완전한 축복의 장소에서 살게 된다.

3. 새 사람 – 하나님이 저희와 함께 거하시리니

- 내가 들으니 보좌에서 큰 음성이 나서
  "보라 하나님의 장막이 사람들과 함께 있으매 하나님이 저희와
  함께 거하시리니
- 저희는 하나님의 백성이 되고 하나님은 친히 저희와 함께 계셔
  서 저희 하나님이 되고

- 모든 눈물을 그 눈에서 씻기시매 다시 사망이 없고 애통하는 것이나 곡하는 것이나 아픈 것이 다시 있지 아니하리니 처음 것들이 다 지나갔음이라.”

하나님이 성도와 함께 거하신다. ‘거하시리니’는 ‘스케노세이(ske-nosei)’로 ‘함께 장막에 거한다’는 뜻이다. 한 집에 산다는 것으로, 친밀한 친교와 나눔이 있음을 뜻한다.

모든 눈물을 그 눈에서 씻기는 것은 슬픔과 비극이 전혀 없이 지냄을 나타낸다. 사망·애통·곡하는 것·아픈 것이 다시 있지 않다. 세상에서 가장 불행스러웠던 것들이 사라진다.

처음 것들이 다 지나간다. 범죄 한 처음 인간이 받은 고통과 슬픔과 죽음이 끝나고, 영생의 새 사람으로 살게 되는 구원의 완성을 의미한다.

4. 새로운 세계의 완성: 내가 만물을 새롭게 하노라

- 보좌에 앉으신 이가 가라사대
  “내가 만물을 새롭게 하노라
- 이 말은 신실하고 참되니 기록하라
- 이루었도다. 나는 알파와 오메가요 처음과 나중이라.
- 내가 생명수 샘물로 목마른 자에게 값없이 주리니
- 이기는 자는 이것들을 유업으로 얻으리라
- 나는 저의 하나님이 되고 그는 내 아들이 되리라.”

만물이 새로워진다. 인간의 타락으로 함께 고통하게 된 만물이 원래의 창조질서를 회복하고, 성도들에게 복된 환경이 된다. 구질서,

구체제는 사라지고 새 질서, 새 체제로 바뀐다. 이 나라는 영적 질서가 이뤄지는 세계다.

'이루었도다.' 새로운 세계는 성경에 예언한 모든 사건과 하나님의 계획이 다 이루어진 것을 말한다. 하나님은 세 차례에 걸쳐 하나님의 계획을 완성하셨다. 첫째는 천지창조의 완성이고(창2:1), 둘째는 십자가에서의 구속사역의 완성이며(요19:30), 셋째는 새 하늘 새 땅의 완성이다(계21:6).

이곳에서 생명수 샘물을 얻을 수 있고, 하나님의 아들이 된다. 생명수 샘물은 세상에서 얻고자 해도 얻을 수 없었던 것이다. 성도는 세상에서도 하나님의 아들이었지만 불완전한 가운데서 아들노릇을 해야 했다. 이곳에서는 완벽하게 아버지와 아들의 관계가 이어지며 아들로서의 지위와 혜택을 누리게 된다.

5. 둘째 사망과 그 대상자들

• 그러나 두려워하는 자들(cowardly), 믿지 아니하는 자들, 흉악한 자들(polluted), 살인자들, 행음자들(fornicator), 술객들(sorcerer), 우상숭배자들, 모든 거짓말하는 자들은 불과 유황으로 타는 못에 참예하리니 이것이 둘째 사망이라.

새 하늘과 새 땅에 들어갈 수 없는 자들에 대한 리스트다. 이 리스트를 보면 불신자들의 8대 죄목을 그대로 나타내주고 있다. 술객들이 대상이 된 것은 하나님이 그들의 행위를 가증하게 보기 때문이다. 이 죄목만으로 지옥 가는 것은 아니지만 이 죄목들은 현저하게 눈에 띈다. 우리도 죄 가운데 있었을 때 이런 죄목을 가지고 있었지만 보혈의 피로 인해 씻음을 얻고, 새 하늘과 새 땅에 당당히 들어갈 수 있게 되었다. 이보다 더 큰 은혜와 감사가 어디 있을까.

6. 어린양의 아내 거룩한 성 새 예루살렘

- 7대접을 가지고 마지막 7재앙을 담은 7천사 중 하나가 나아와 내게 말하여 가로되
  "이리 오라. 내가 신부 곧 어린양의 아내를 네게 보이리라" 하고
- 성령으로 나를 데리고 크고 높은 산으로 올라가 하나님께로부터 하늘에서 내려오는 거룩한 성 예루살렘을 보이니
- 하나님의 영광이 있으매 그 성의 빛이 지극히 귀한 보석 같고 벽옥과 수정같이 맑더라.
- 크고 높은 성곽(wall)이 있고 12문이 있는데 문에 12천사가 있고 그 문들 위에 이름을 썼으니 이스라엘 자손 12지파의 이름들이라
- 동서남북 각 편에 3문씩 있고, 그 성에 성곽은 12기초 석(foundations)이 있고, 그 위에 어린양 12사도의 12이름이 있더라
- 내게 말하는 자가 그 성과 그 문들과 성곽을 척량하려고 금 갈대(measuring rod of gold)를 가졌더라.
- 그 성은 네모반듯하여 장광(길이와 너비)이 같은지라 그 갈대로 성을 척량하니 1만 2천 스다디온이요 장광고(길이, 너비, 높이)가 같더라.
- 그 성곽을 척량하매 144큐빗(1큐빗은 영척으로 1자반)이나 사람의 척량 곧 천사의 척량이라 그 성곽은 벽옥으로 쌓였고 그 성은 정금(pure gold)인데 맑은 유리 같더라.
- 그 성의 성곽의 기초 석은 각종 보석으로 꾸며
  첫째 기초석은 벽옥(jasper), 둘째 기초석은 남보석(sapphire), 셋

째 기초석은 옥수(agate), 넷째 기초석은 녹보석(emerald), 다섯째 기초석은 홍마노(onyx), 여섯째 기초석은 홍보석(carnelian), 일곱째 기초석은 황옥(chrysolite), 여덟째 기초석은 녹옥(beryl), 아홉째 기초석은 담황옥(topaz), 열째 기초석은 비취옥(chrysoprase), 열한째 기초석은 청옥(jacinth), 열두째 기초석은 자정(amethyst)이라.

- 그 12문은 12진주니 문마다 한 진주요 성의 길은 맑은 유리 같은 정금이더라.

새 예루살렘의 영광스러운 모습을 그려내고 있다. 이 성은 예수님의 신부요 거룩한 곳이며 하나님의 영광이 있는 곳이다. 성곽은 크고 높으며 12문이 있다. 12문의 12는 신약의 교회와 구약의 백성들 간에 연관성을 강조하기 위해 사용된 것으로 보인다. 그 예로 기초석은 12사도를 지칭한다고 말하고 있다(14절).

성의 외형은 정육면체이다. '네모가 반듯'하다는 것을 헬라적 의미로 완전함, 곧 새 예루살렘의 완전성을 뜻하는 것으로 해석하기도 한다. 그러나 본문에 기록된 성의 크기는 그가 본 새 예루살렘의 모습을 그대로 묘사한 것으로 보는 것이 옳다. 12,000 스다디온은 606자로 약 2,160km이다.

7. 새 성전과 새 빛

- 성안에 성전을 내가 보지 못하였으니 이는 주 하나님 곧 전능하신 이와 및 어린양이 그 성전이심이요
- 그 성은 해나 달의 비췸이 쓸 데 없으니 이는 하나님의 영광이 비취고 어린양이 그 등이 되심이라. 만국이 그 빛 가운데로 다

니고 땅의 왕들이 자기 영광을 가지고 그리로 들어오리라.
- 성문들을 낮에 도무지 닫지 아니하리니 거기는 밤이 없음이라.
- 사람들이 만국의 영광과 존귀를 가지고 그리로 들어오겠고 무엇이든 속된 것이나 가증한 일 또는 거짓말하는 자는 결코 그리로 들어오지 못하되 오직 어린양의 생명책에 기록된 자들뿐이라.

새 예루살렘의 여러 생활 모습을 보여준다. 무엇보다 성안에 성전이 보이지 않는다. 성전보다 크신 예수 그리스도와 하나님이 친히 성전이 되시기 때문이다. 건물 모형과 임시방편을 통해 하나님의 임재를 경험할 필요 없이 하나님과의 교통이 완전히 회복된다. 이것은 성도의 구원이 완성된 것을 의미한다.

해와 달 등 옛 빛도 더 이상 필요하지 않다. 하나님의 영광이 비취고 어린양이 그 등이 되기 때문이다. 이는 여호와가 영영한 빛이 되시리라는 예언(사60:20)과 내가 세상의 빛이라 하신 예수님의 말씀(요8:12)의 성취다. 밤이 없어 성문을 닫을 필요도 없다.

성에는 속되고 가증하고 거짓된 것이 전혀 없다. 오직 생명책에 기록된 자만 다닌다.

제23장 요한계시록 22장: 생명수의 강과 생명나무

1. 새 낙원－생명수의 강과 생명나무

- 저가 수정같이 맑은 생명수의 강을 내게 보이니
- 하나님과 어린양의 보좌로부터 나서(흘러) 길 가운데로 흘러
- 강 좌우에 생명나무가 있어 12가지 실과를 맺되 달마다 그 실과를 맺고 그 잎사귀들은 만국을 소성하기(healing) 위해 있더라.
- 다시 저주가 없으며 하나님과 그 어린양의 보좌가 그 가운데 있으리니
- 그의 종들이 그를 섬기며 그의 얼굴을 볼 터이요 그의 이름도 저희 이마에 있으리라
- 다시 밤이 없겠고 등불과 햇빛이 쓸 데 없으니 이는 주 하나님이 저희에게 비취심이라 저희가 세세토록 왕 노릇하리로다.

새 예루살렘에는 하나님과 예수님의 보좌로부터 생명수 강이 흘러 내린다. 강 좌우에는 생명나무(the tree of life)가 있다. 아담과 하와가 범죄 한 이후 접근이 금지된 생명나무(창3:22-24)는 언제나 영생의 과실을 풍성히 제공하고, 그 잎사귀는 치유의 능력을 발휘한다. 이것은 잃어버렸던 하나님과의 교제가 완전히 회복되었음을 의미한다.

그곳에는 저주가 없고, 밤이 없고, 등불과 햇빛이 필요 없다. 주님이 등불이 되어 늘 저들을 비춰주시기 때문이다. 성도들은 그곳에서 영원히 왕 노릇한다. 하나님의 자녀로서 영적으로 풍성한 삶을 사는 것이다.

2. 말세의 6째 복

- 그가 내게 말하기를 "이 말은 신실하고 참된지라 주 곧 선지자들의 영의 하나님이 그의 종들에게 결코 속히 될 일을 보이시려고 그의 천사를 보내셨도다.
- 보라 내가 속히 오리니 이 책의 예언의 말씀을 지키는 자가 복이 있으리라."

계시록의 말씀은 속히 될 일이므로 매우 중요하다. 그리고 이 말씀을 지키는 자가 복이 있다. 이 예언의 말씀을 기록하게 한 7가지 이유가 있다.

첫째, 속히 될 일을 보이시기 위함이다(22:6,10).

둘째, 복을 주시기 위함이다(22:7,14)

셋째, 행위대로 상주시기 위함이다(22:12)

넷째, 자신의 하나님 되심을 알려 경배받으시기 위함이다(22:9,13)

다섯째, 메시아 됨을 믿게 하려 하심이다(22:16)

여섯째, 영생을 주시기 위함이다(22:17)

끝으로, 잘못된 신앙(이단)의 위험을 경고하기 위함이다(22:18-19).

3. 오직 하나님께 경배하라

- 이것들을 보고 들은 자는 나 요한이니 내가 듣고 볼 때 이 일을 내게 보이던 천사의 발 앞에 경배하려고 엎드렸더니
- 천사가 말하기를 "나는 너와 네 형제 선지자들과 이 책의 말을 지키는 자들과 함께 된 종(fellow servant)이니 그리하지 말고 오직 하나님께 경배하라."

천사는 경배의 대상이 아니다. 오직 하나님께만 경배해야 한다. 요한이 이처럼 두 차례나 실수하는 것을 볼 때 우리도 실수할 가능성이 높음을 알 수 있다.

4. 이 책의 예언의 말씀을 인봉하지 말라

- 또 내게 말하되 "이 책의 예언의 말씀을 인봉하지 말라 때가 가까우니라.
- 불의를 하는 자는 그대로 불의를 하고 더러운 자는 그대로 더럽고 의로운 자는 그대로 의를 행하고 거룩한 자는 그대로 거룩되게 하라
- 보라 내가 속히 오리니 내가 줄 상(내 삯, recompense)이 내게 있어 각 사람에게 그의 일한 대로 갚아 주리라.
- 나는 알파와 오메가요 처음과 나중이요 시작과 끝이라.

최후의 권면의 말씀이다. 이 권면을 통해 주님은 끝까지 의를 행하고 거룩한 생활을 할 것을 강조하셨다. 그리고 각자 행한 대로 상 주시리라 약속하셨다. 그러니 더 충성되게 일하라는 말씀이시다. 주님은 시작이요 끝이다. 알파와 오메가다. 끝까지 인내하는 자는 좋은 결말을 보게 된다.

✳ 생각해볼 문제: 알파와 오메가

알파(alpha, A)와 오메가(omega, Ω)는 시작과 끝, 처음과 마지막이라는 의미를 가진 헬라어 알파벳의 첫 글자와 마지막 글자이다. 이 말은 전체와 완전함을 가리키는 유대 랍비적 수사법에서 유래된 것

으로 보인다. 요한은 이 말을 모든 것의 근원이시며 목적이 되시는 영원하신 하나님의 성호에 적용시켰고(계1:8;21:6), 계시록22장 13절에서는 그리스도를 이 이름으로 불렀다.

창세기가 시작에 관한 책이라면 요한계시록은 완성에 관한 책이다. 특히 창세기 1장에서 3장 사이의 창조가 알파라면 요한계시록 20장에서 22장은 타락이 존재하지 않은 새로운 창조를 오메가라 할 수 있다. 성경은 창조(알파), 구속, 새 창조(오메가)에 있어서 예수 그리스도의 성육신을 중심점으로 삼고 있다. 옛 창조와 새 창조와는 구별된다.

옛 창조와 새 창조

옛 창조(창세기1-3장)	새 창조(요한계시록 20-22장)
• 태초에 하나님이 천지를 창조하시니라(1:1)	• 내가 새 하늘과 새 땅을 보니(21:1)
• 어두움을 밤이라 칭하시니라(1:5)	• 거기는 밤이 없음이라(21:25)
• 네가 먹는 날에는 정녕 죽으리라(2:17)	• 다시 사망이 없고(21:4)
• 사단이 인간을 속이는 자로 나타난다(3:1)	• 사단이 영원히 사라진다(20:10)
• 뱀의 최초의 승리(3:13)	• 어린양의 최후의 승리(20:10;22;3)
• 내가 네게 고통을 크게 더하리니(3:16)	• 다시 사망이 없고 애통하는 것이나 다시 있지 아니하리니(21:4)
• 땅은 너로 인하여 저주를 받고(3:17)	• 다시 저주가 없으며(22:3)
• 아담 안에서 생명나무로 나아가는 길을 잃는다(3:24)	• 그리스도 안에서 생명나무로 나아가는 길이 회복된다(22:14)
• 그들은 하나님의 임재로부터 추방된다(3:24)	•그의 얼굴을 볼 터이요(22:4)

5. 말세의 7째 복

• 그 두루마기(robes)를 빠는(wash) 자들은 복이 있으니

- 저희가 생명나무에 나아가며
- 문들을 통하여 성에 들어갈 권세를 얻으려 함이로다.

회개하여 성결한 생활을 하는 자는 복이 있다. 생명나무에 나갈 수 있고, 성문을 통해 새 예루살렘에 들어갈 수 있다.

6. 성에 들어가지 못할 자들

- 개들(dogs)과 술객들과 행음자들과 살인자들과 우상숭배자들과 거짓말을 좋아하며 지어내는 자마다 성 밖에 있으리라.

새 예루살렘 성에 들어가지 못하고 밖에서 사는 자들을 열거하고 있다. 개들은 부정한 자들을 가리킨다. 본문에서는 음행하는 자들이다. 신명기에서는 남색하는 자, 곧 동성애자들을 개들로 표현했다(신 23:18). 비록 주님의 은혜로 구원을 받았지만 성 밖에 있는 사람들의 행동을 본받아서는 안 된다.

7. 나 예수는 교회들을 위하여 내 사자를 보내어

- 나 예수는 교회들을 위하여 내 사자를 보내어
- 이것들을 너희에게 증거하게 하였노라
- 나는 다윗의 뿌리요 자손이니 곧 광명한 새벽별(bright morning star)이라.” 하시더라.

예수님은 자신의 사자들을 보내 이 모든 사실, 앞으로 일어날 일에 대해 말씀해 주셨다. 예수님은 자신을 다윗의 뿌리요 자손으로 광명한 새벽별이라 말씀하심으로써 이 약속이 변치 않고 확고함을 드러내셨다. 우리가 믿고 따라가야 할 분은 바로 광명한 새벽별 되시는 주님이시다.

8. 값없이 생명수를 받으라

• 성령과 신부가 말씀하시기를 "오라 듣는 자도 오라 목마른 자도 올 것이요 원하는 자는 값없이 생명수를 받으라." 하시는도다.

성령님은 우리를 다시 생명수 강가로 초대하여 생명수(the water of life)를 마시도록 한다. 하나님의 말씀을 듣는 자는 물론 목마른 자는 누구나 올 수 있다.

9. 이 책의 예언의 말씀에 대한 경고

• 내가 이 책의 예언의 말씀을 듣는 각인에게 증거하노니
• 만일 누구든지 이것들 외에 더하면(adds) 하나님이 이 책에 기록된 재앙들(plagues)을 그에게 더할 것이요
• 만일 누구든지 이 책의 예언의 말씀에서 제하여 버리면(subt-ract, take away) 하나님이 이 책에 기록된 생명나무와 거룩한 성에 참예함을 제하여 버리시리라.

성령님은 결론적으로 말씀하신다. "성경의 말씀을 보태지 말라. 성경의 말씀을 제하지 말라." 요한은 자신이 쓴 이 책에 대해 다른 내

용을 함부로 섞지 말 것을 경고하고 있다. 말씀을 보태면 재앙을 받는다. 말씀을 빼는 자는 생명책에서 이름이 빠진다. 구원이 없다.

고대에서는 자신의 작품에 다른 내용을 섞는 것을 막기 위해 저주의 문구를 책 마지막 부분에 기록하는 습관이 있었다. 본문도 이런 의도도 있었겠지만 무엇보다 하나님의 계시된 말씀을 가볍게 여기지 말라는 경고의 의미가 더 강하다.

10. 내가 진실로 속히 오리라

- 이것들을 증거하신 이가 가라사대 "내가 진실로 속히 오리라" 하시거늘
- "아멘 주 예수여 오시옵소서(Amen. Come, Lord Jesus!)."
- 주 예수의 은혜가 모든 자들에게 있을지어다. 아멘.

"속히 오리라"는 약속은 세 번이나 반복되었다(22:7, 12, 20). 이 약속은 환란 가운데 있는 성도들에게 소망이 되었고, 인내해야 할 근거가 되었다. 성도들은 그리스도의 재림을 기다린다. 초대교회 성도들은 만날 때마다 '마라나타(Maranata)'를 외치며 서로 격려했다. "우리 주님이 오십니다(Our Lord comes)."는 뜻이다. 주님은 속히 오신다. 당신은 지금 오실 주님을 맞을 준비가 되어 있는가.

✻ 생각해볼 문제: 이제 어떻게 할 것인가?

요한계시록은 우리에게 여러 다짐을 하게 만든다.

- 예수 그리스도의 다스리심을 전적으로 신뢰하자.

- 세상의 권력자를 두려워하지 말자.
- 핍박자와 불신자들이 받을 형벌은 확실하다.
- 두려워 말고 복음을 전파하자.
- 불의한 자들로부터 정죄받는 것을 부끄러워 말자.
- 믿음으로 인내하자.
- 핍박 때문에 잃어버리는 것들을 두려워하지 말자.
- 거짓 선지자에게 현혹되지 말자.

참고문헌

[성경]

NIV Study Bible. Zondervan. 2002
Life Application Study Bible. Tyndale & Zondervan. 1997.

[저서]

김인철. (2002). 성경핸드북. 엠마오.
양창삼. (1975). 분석성경: 신약3. 개인소장 자료집.
천정웅. (연대미상). 요한계시록. 총신대학교 신학대학원 강의자료.
Barnhouse, D. (1985). Revelation: An Expository Commentary. Zondervan.
Bauckham, R. (1993). The Theology of the Book of Revelation. Cambridge University Press
Berkhof, L. (1996). Systematic Theology. Wm. B. Eerdmans Publishing Company.
Criswell, W. A. (1969). Expository Sermons on Revelation. Zondervan.
Gregg, S. (1997). Revelation: Four Views: A Parallel Commentary. Thomas Nelson.
Hodge, C. (2006). Systematic Theology. Scholarly Publishing Office, University of Michigan Library
Hoekema, A. A. (1977). The Meaning of the Millennium: Four Views. InterVarsity Press.

Metzger, B. M. (2006). Breaking the Code: Understanding the Book of Revelation. Abingdon Press

Morgan, G. C. (1959). An Exposition of the Whole Bible. Fleming H. Revell company.

Symmers, Ray. (1951). Worthy is the Lamb. Broadman Press.

Vos, G. (1961). The Pauline Eschatology. Wm. B. Eerdmans.

Warfield, B. B. (1934). The Millennium and the Apocalypse in Biblical Studies. Presbyterian Committee of Publication.

· 저자 ·

양창삼   **·약 력·**
서울대학교 정치학과(학사, 석사)
서울대학교 대학원(경영학석사)
웨스턴일리노이주립대학원(MBA)
펜실베이니아주립대학원
연세대학교 대학원(경영학박사)
총신대학교 대학원(M.Div., Th.M.)
한국사회이론학회 회장
한국인문사회과학회 회장
연변과기대 상경대학 학장
한양대학교 경상대학 학장
한양대학교 산업경영대학원 원장
현, 한양대학교 경상대학 경영학부 교수/목사

·기독교관계저서·
『기독교세계관과 삶의 리포지셔닝』(한국학술정보, 2007)
『하나님의 부자경제학』(브니엘, 2007)
『신약의 이해』(한국학술정보, 2007)
『구약의 이해』(한국학술정보, 2007)
『하나님과의 동업』(꿈같은삶, 2007)
『헨리 나우웬의 실천하는 영성』(예찬사, 2007)
『하나님의 사람으로 사는 법』(브니엘, 2006)
『단순한 믿음이 주는 기쁨』(기독신문사, 2005)
『예수 리더십』(진흥, 2004)
『뒤틀린 삶의 문제와 기독교적 답변』(한양대학교 출판부, 2004)
『자본주의 문화와 기독교의 사회적 책임』(한양대학교 출판부, 2004)
『21세기가 원하는 크리스천 리더』(총회출판국, 2003)
『평신도를 위한 신학 이야기』(예영, 2003)
『당신 안에 있는 영성을 깨워라』(나침반사, 2003)
『목회자, 당신은 일류인간』(한국강해설교학교출판사, 2002)
『영성회복의 신앙』(기독신문사, 2001)
『창세기강해』(그리심, 1998)
『교회경영학』(엠마오, 1996)
『인간관계 예수님 눈높이로』(예찬사, 1996)
『기독인의 윤리의식과 성경윤리』(예찬사, 1992)
『기독교사회학의 인식세계』(대영사, 1989)
『사회변동과 기독교정신』(성광문화사, 1982)
외 다수

요한1 · 2 · 3서와
요한계시록

• 초판 인쇄	2008년 6월 25일
• 초판 발행	2008년 6월 25일
• 지 은 이	양창삼
• 펴 낸 이	채종준
• 펴 낸 곳	한국학술정보㈜
	경기도 파주시 교하읍 문발리 513-5
	파주출판문화정보산업단지
	전화 031) 908-3181(대표) · 팩스 031) 908-3189
	홈페이지 http://www.kstudy.com
	e-mail(출판사업부) publish@kstudy.com
• 등 록	제일산-115호(2000. 6. 19)
• 가 격	26,000원

ISBN   978-89-534-9595-1 93230 (Paper Book)
            978-89-534-9596-8 98230 (e-Book)